Générer des revenus passifs

Éditions Eyrolles
61, bd Saint-Germain
75005 Paris
www.editions-eyrolles.com

Depuis 1925, les Éditions Eyrolles s'engagent en proposant des livres pour comprendre le monde, transmettre les savoirs et cultiver ses passions !
Pour continuer à accompagner toutes les générations à venir, nous travaillons de manière responsable, dans le respect de l'environnement. Nos imprimeurs sont ainsi choisis avec la plus grande attention, afin que nos ouvrages soient imprimés sur du papier issu de forêts gérées durablement. Nous veillons également à limiter le transport en privilégiant des imprimeurs locaux. Ainsi, 89 % de nos impressions se font en Europe, dont plus de la moitié en France.

ISBN : 978-2-416-01828-2

Richard GARNIER

Générer des revenus passifs

15 portefeuilles gagnants
clés en main

Éditions
EYROLLES

Dividend Aristocrats

NOVO N
NESTLÉ

Je vous souhaite à tous de trouver de belles âmes telles que @Privol8 (Yves) et @Argonuii (Maxime Baillon).

Sommaire

Avant-propos. Que l'argent travaille pour vous 13

Introduction. Construisez votre richesse 19

Chapitre 1 – Gagner avec les dividendes en Europe 23

Explorez tous les secrets des dividendes 24

Connaissez-vous les Dividend Aristocrats ? 25

47 actions concernées 26

De la technologie à la fortune 28

Dernière mais pas mauvaise 29

Beaucoup de risque et de cyclicité ! 29

Les sociétés les plus résilientes 30

Un autre secteur résilient 31

Le secret de l'autonomie ? 31

Coquerico ! 32

Une première pépite ? 32

Une seconde pépite ? 33

Le portefeuille gagnant avec les dividendes en Europe 33

Chapitre 2 – Gagner avec les dividendes aux États-Unis 37

Découvrez les Dividend Aristocrats aux États-Unis 38

63 actions concernées 39

Une très belle découverte 42

Un conquérant historique ! 43

L'agroalimentaire : toujours résilient 44

Soixante-cinq années de dividende en augmentation 44

Quatre leaders 45

À l'inverse… 46

Un champion caché ! 46

Un autre champion caché ! 47

Le portefeuille gagnant avec les dividendes aux États-Unis 47

Chapitre 3 – Gagner avec l'immobilier coté en Europe 51
Tirez profit du principe de l'immobilier coté 52
37 actions concernées 53
Deux filiales françaises dans le top ! 55
Presque –10 % par an 56
Un profil quasi unique 56
Une autre pépite 57
La Suisse : très bien, mais ! 57
Contrairement à son nom 58
Retour historique 59
Les classiques 59
Deux pépites suédoises ? 60
Le portefeuille gagnant avec l'immobilier coté en Europe 61

Chapitre 4 – Gagner avec l'immobilier coté aux États-Unis 63
L'histoire passionnante des REIT 64
Gagnez des revenus locatifs sans soucis 65
73 actions concernées 65
Le business des antennes de télécommunication 70
De l'immobilier dans le rouge foncé ! 70
Un secteur non cyclique inconnu 71
L'hébergement informatique 72
Une activité qui rapporte ! 72
La classique 73
Le portefeuille gagnant avec l'immobilier coté aux États-Unis 73

Chapitre 5 – Gagner avec Warren Buffett 77
Suivez les traces de la légende 78
De Berkshire Hathaway à la fortune 79
27 actions concernées 80
Une autre légende dans le top 81
Et des questions dans le flop ! 82
Les portefeuilles de marques : toujours résilients 82
Un exemple parfait d'avantage concurrentiel 83
Un autre exemple d'avantage concurrentiel 84
Le milliard de dollars ! 84
Le portefeuille gagnant avec Warren Buffett 85

Chapitre 6 – Gagner avec les sociétés en oligopole 87
Profitez des avantages de l'oligopole 88
61 actions concernées 89
Un monstre de performance 92
L'aéronautique : très cyclique 92
Le monopole par excellence 93
Les places boursières en monopole 93
Double avantage 94
L'incontournable Française 95
Air Liquide contre Linde PLC 95
Pepsi contre Coca 96
Le portefeuille gagnant avec les sociétés en oligopole 96

Chapitre 7 – Gagner avec les sociétés de *private equity* 99
Dénichez les meilleurs investissements privés 100
19 actions concernées 101
Altamir : l'exemple parfait 102
Le maximum du private equity 103
Et le minimum du private equity 103
Pourquoi autant de cyclicité ? 104
La plus connue en France 105
Une pépite ? 105
Le portefeuille gagnant avec les sociétés de *private equity* 106

Chapitre 8 – Gagner avec les innovations 109
L'audacieuse Cathie Wood 110
Explorez les opportunités des fonds ARK 111
Le fonds ARK Innovation ETF 111
Le fonds ARK Genomic Revolution ETF 111
Le fonds ARK Next Generation Internet ETF 111
Le fonds ARK Autonomous Technology & Robotics ETF 112
Le fonds ARK Fintech Innovation ETF 112
Le fonds ARK Space Exploration & Innovation ETF 112
34 actions concernées 112
Le boom de Nvidia ! 114
Le plus grand fondeur de semi-conducteurs au monde 115
Rouge sang ! 116
Les médicaments dans toutes les conditions économiques 116
À l'inverse… 117
La French Tech *!* 117
Zoom sur… 117
Et gros plan sur… 118

À la conquête de la performance ? 119
L'incontournable Microsoft 119
Ou comment maîtriser ses finances 119
L'innovation à tous les étages 120
Le portefeuille gagnant avec les innovations 120
Chapitre 9 – Gagner avec les actions multibaggers 123
Misez sur des gains largement multipliés 124
35 actions concernées 125
18-bagger 127
23-bagger 127
56-bagger 128
265-bagger 128
395-bagger 129
555-bagger 129
Le portefeuille gagnant avec les actions multibaggers 130
Chapitre 10 – Gagner avec les sociétés écologiques 133
Qu'est-ce que l'économie durable ? 134
Le Global 100 : la liste des sociétés les plus durables au monde 135
50 actions concernées 136
Le champion des champions 139
La technologie au cœur de la performance 139
Deux sociétés empêtrées dans les problèmes 140
Les banques : hypercycliques 140
Très engagé ! 141
Les idées qui font la différence 141
Le spécialiste français de l'énergie 142
Le Suisse très engagé 142
Un étrange paradoxe 143
Un champion caché 144
Le portefeuille gagnant avec les sociétés écologiques 144
Chapitre 11 – Gagner avec les obligations d'entreprise 147
Obtenez des rendements chaque année 148
Où trouver des obligations d'entreprises ? 149
140 obligations d'entreprises concernées 150
Le maximum offert ! 157
Et le minimum offert ! 157
Simple et efficace 158
L'obligation la plus cyclique 158

L'obligation la plus longue 159
L'obligation la plus courte 159
Le portefeuille gagnant avec les obligations d'entreprises 160
Chapitre 12 – Gagner avec les cryptomonnaies 163
Entre révolution numérique et opportunités explosives 164
Attention, tout de même ! 165
25 cryptomonnaies concernées 165
Le classique 167
L'autre classique 167
La crypto au service du luxe ? 167
Une monnaie virtuelle pour un monde virtuel 168
Le cas Polygon (Matic Network) 168
Très malin ! 169
Le bitcoin light ! 169
Stablecoin ? 170
Solana : la première ? 170
Le portefeuille gagnant avec les cryptomonnaies 171
Chapitre 13 – Gagner avec les ETF 173
Exploitez tous les avantages des ETF 174
19 ETF concernés 175
Les ETF sectoriels 176
Les ETF nationaux 178
L'ETF de Nicolas 178
Investir sur les bons du Trésor 179
La véritable valeur refuge ! 179
Le portefeuille gagnant avec les ETF 180
Chapitre 14 – Gagner dans le PEA 183
Maximisez vos gains sans passer par la case « fisc » 184
Quels sont les dispositifs éligibles au PEA ? 185
144 actifs concernés 185
Les petites valeurs sont les plus rentables 191
Mais elles sont aussi les plus ruineuses ! 192
Les petites valeurs sont plus autonomes 193
Mais elles sont aussi les plus risquées ! 194
Et ce sont les ETF les moins risqués 195
Deux « grandes » pépites 195
Trois « petites » pépites 196
Le portefeuille gagnant dans le PEA 197

Chapitre 15 – Gagner avec 31 valeurs 201
Vers le portefeuille ultime ? 202
31 valeurs concernées 202
Un triple champion ! 204
Dividend Aristocrats et plus 204
Multibaggers et plus 205
L'innovation et plus 206
Les deux formes d'or 206
Le portefeuille gagnant avec 31 valeurs 207

Chapitre 16 – À vous de jouer ! 211
Quid du courtier ? 212
Un deuxième péché mortel en finance 212
Les frais chez le courtier 213
Les frais d'ordre 213
Les offres promotionnelles et les programmes de parrainage 214
L'inexpérience : le troisième péché mortel en finance 214
Le choix des investissements 215
Où acheter des cryptomonnaies ? 216
Le quatrième péché mortel en finance : l'effet de levier 217
Les derniers péchés mortels 218
Quid de l'impôt (PEA et assurance-vie) ? 218
Le compte titre 219
Le PEA 219
L'assurance-vie 220
Quid de l'immobilier ? 220
L'immobilier physique 221
L'immobilier papier 221
Le crowdfunding *immobilier* 222

Conclusion. Libérez tout votre potentiel 223
Annexe. Le triptyque rentabilité-volatilité-diversification 233
Annexe. Exemple de calcul avec Airbus 237
Annexe. Liste des mnémoniques utilisés dans ce livre 251

Avant-propos

Que l'argent travaille pour vous

Tirez profit des revenus passifs

Confortablement installé derrière son bureau, Nicolas profite de la pause méridienne et de l'absence de ses élèves pour étudier un article sur les investissements passifs. Depuis quelque temps, Nicolas pense que les 3 % offerts par son livret A depuis le 1er février 2023 ne sont plus suffisants. Les placements traditionnels ont fait leur temps, il faut maintenant passer à autre chose.

Cette lecture chatouille son esprit analytique de professeur de mathématiques : comment un investissement pourrait-il promettre d'être à la fois simple, performant, rentable et automatique ? Une promesse antinomique... une promesse pour les crédules. Pourtant, certains investissements passifs ont offert plus de 8 % en moyenne par an sur les dernières décennies, en un unique clic et sans rien faire.

L'article est convaincant. Il explique que l'astuce n'est pas d'investir sur une action mais, au contraire, sur un panier d'actions. Et qu'il existe des paniers d'actions préconstruits. Ils s'appellent soit des fonds, soit des ETF (*Exchange Traded Fund*), soit des trackers. Ce sont des investissements passifs.

Dans les jours suivants, poussé par la curiosité propre aux hommes de son caractère, Nicolas s'attaque à l'analyse des différents fonds, ETF et trackers mentionnés dans l'article. Il décortique leurs compositions, leurs stratégies et leurs performances passées. Il découvre que si, dix ans plus tôt, il avait investi 10 000 € sur un fonds français classique, alors il aurait 25 000 € aujourd'hui.

In fine, son choix s'arrête sur un ETF : l'ETF iShares Euro Dividend. Il s'agit d'un ETF composé de trente actions. Et ces trente actions ne sont pas choisies au hasard, ce sont les actions qui offrent le plus de dividendes en Europe. Nicolas est séduit par l'idée de toucher de gros dividendes chaque année pour les vingt prochaines années. Il ne le sait pas encore, mais il vient de commettre un péché mortel en finance.

L'industrie des investissements passifs est encore jeune et ses produits (fonds, ETF, trackers et autres) connaissent une grande immaturité. Malheureusement pour Nicolas, cela peut se traduire par d'énormes dangers. Et je peux en faire la démonstration immédiatement.

Mais évitez les péchés mortels !

Nicolas est intéressé pour investir sur l'ETF iShares Euro Dividend. Théoriquement, en un unique clic, il peut investir sur trente actions qui offrent un dividende supérieur à 5 % en Europe. Pas mal ! Cependant, en choisissant cet ETF-dividendes, Nicolas s'expose à un grand risque, visible dans sa composition même.

Voici les trente actions qui composent l'ETF iShares Euro Dividend :

- Crédit Agricole SA ;
- BNP Paribas SA ;
- AXA SA ;
- Allianz ;

- NN Group NV;
- Assicurazioni Generali;
- ASR Nederland NV;
- Poste Italiane;
- Ageas SA;
- KBC Groep;
- Muenchener Rueckversicherungs-Gese;
- Sampo;
- Gecina SA;
- Covivio SA;
- Mercedes-Benz Group AG;
- BMW AG;
- Volkswagen AG;
- Endesa SA;
- Snam;
- EDP Energias De Portugal SA;
- Sanofi SA;
- Evonik Industries AG;
- Orange SA;
- Publicis Groupe SA;
- Randstad Holding;
- Deutsche Post AG;
- Siemens N AG;
- OMV AG;
- Kesko B;
- Koninklijke Ahold Delhaize NV.

Sur les trente sociétés qui composent cet ETF-dividendes, les douze premières sont des banques ou des assureurs (de Crédit Agricole jusqu'à Sampo). Dit autrement, un tiers de cet ETF est concentré sur un même et unique secteur : la bancassurance.

Mais c'est pire que ça. Gecina et Covivio sont deux sociétés immobilières et Mercedes-Benz, BMW et Volkswagen sont trois constructeurs automobiles. Or, comment achète-t-on de l'immobilier ? Avec un crédit bancaire. Et comment achète-t-on une automobile ? Avec un crédit bancaire. Et qui octroie les crédits bancaires ? Le secteur de la bancassurance ! En fait, la moitié de cet ETF-dividendes est exposée à un même et unique risque : celui de la bancassurance. Sur les trente actions de cet ETF, dix-sept sont liées directement ou indirectement à la bancassurance.

Je ne tiens pas à vous effrayer mais je préfère être direct avec vous : si l'activité de la bancassurance s'écroule en Europe, alors le secteur immobilier et le secteur automobile vont s'écrouler aussi et, mécaniquement, l'ETF iShares Euro Dividend va totalement s'effondrer. Nicolas n'aura plus rien. L'ETF iShares Euro Dividend n'a aucune diversification. Au contraire, il est hyperconcentré dans un secteur ; voilà un péché mortel en finance.

Le problème fondamental de cet ETF (comme pour beaucoup d'autres investissements passifs) est qu'il est construit sans aucune réflexion. Cet ETF suit naïvement son thème (les dividendes en Europe) sans forcément être gagnant sur le long terme. Construire un panier d'actions sans réfléchir à sa diversification n'a absolument aucun sens.

15 portefeuilles gagnants créés pour vous

Ayant été analyste en société de gestion, auteur d'un manuel de diversification en Bourse (*De la Bourse au Bitcoin*, Eyrolles, 2022) et fondateur du site DeLaBourseAuBitcoin.com, j'ai construit des centaines de portefeuilles boursiers passifs au cours de ma carrière. Après autant d'années de pratique, voici mon message à destination de tous les Nicolas : mettez d'abord en place la diversification, l'argent viendra après – et il viendra passivement pendant des années.

Dans ce livre, je vais vous présenter quinze portefeuilles à la fois passifs et parfaitement diversifiés. Chaque chapitre de ce livre sera entièrement consacré à décrypter un portefeuille et son thème. Vous verrez que le portefeuille diversifié qui offre du dividende en Europe n'a rien à voir avec l'ETF iShares Euro Dividend. Nous aborderons les thèmes suivants :

1. Le portefeuille gagnant avec les dividendes en Europe ;
2. Le portefeuille gagnant avec les dividendes aux États-Unis ;
3. Le portefeuille gagnant avec l'immobilier coté en Europe ;
4. Le portefeuille gagnant avec l'immobilier coté aux États-Unis ;
5. Le portefeuille gagnant avec Warren Buffett ;
6. Le portefeuille gagnant avec les sociétés en oligopole ;
7. Le portefeuille gagnant avec les sociétés de *private equity* ;
8. Le portefeuille gagnant avec les innovations ;
9. Le portefeuille gagnant avec les actions multibaggers ;
10. Le portefeuille gagnant avec les sociétés écologiques ;
11. Le portefeuille gagnant avec les obligations d'entreprise ;
12. Le portefeuille gagnant avec les cryptomonnaies ;
13. Le portefeuille gagnant avec les ETF ;
14. Le portefeuille gagnant dans le PEA ;
15. Le portefeuille gagnant avec 31 valeurs.

Si vous êtes débutant en finance, je vous recommande de suivre les portefeuilles dans cet ordre. Je les ai classés du plus simple au plus complexe.

Enfin, le seizième chapitre de cet ouvrage vous livrera une suite de conseils pour passer à la pratique dans les meilleures conditions (optimiser le courtier, les coûts, la fiscalité, etc.). L'ensemble de ce livre sera pour vous un guide complet afin de créer votre propre investissement passif avec toutes les chances de succès et au meilleur prix.

L'introduction, quant à elle, vous présentera le fonctionnement et la méthodologie de ce livre et tous ses chapitres.

Introduction

Construisez votre richesse

Génération « *Do it yourself* »

Depuis une dizaine d'années, les Français sont de plus en plus nombreux à s'intéresser aux investissements boursiers dits passifs (fonds, ETF, trackers ou tout autre panier d'actions). Ce fulgurant essor est lié à la génération « *Do it yourself* », qui cherche de l'autonomie et de l'indépendance dans la gestion de ses finances. Plus précisément, la génération « *Do it yourself* » a une triple certitude :

- d'abord, face aux multiples réformes de la retraite, elle a intériorisé l'idée que les pensions de retraite ne seraient pas suffisantes le moment venu. Selon le baromètre de février 2022 « Les Français, l'épargne et la retraite », 76 % des Français se déclarent inquiets par rapport à leur retraite, avec notamment 81 % d'entre eux qui craignent de ne pas avoir une pension suffisante pour vivre après 64 ans ;
- ensuite, cette génération a constaté que les livrets d'épargne traditionnels n'étaient pas assez rémunérateurs face à l'inflation. Par exemple, le livret A rémunéré à 3 % depuis le 1er février 2023 ne permet pas de protéger l'épargnant de l'inflation (estimée à 4,9 % en glissement annuel en 2023) ;
- enfin, il est désormais acquis pour cette génération que la finance est mondialisée et accessible partout *via* les banques en ligne.

Selon moi, cette génération a triplement raison. D'ici quelques décennies, il n'y aura peut-être plus de système complet de retraite… Il faut donc s'intéresser dès aujourd'hui à des investissements à très long terme. Aussi, lorsque le livret A est bloqué à un rendement de 3 % annuel face à une inflation plus importante, il faut chercher des investissements plus rentables pour préserver son pouvoir d'achat sur le long terme. Enfin, lorsqu'en un clic on peut capter la performance partout dans le monde, pourquoi s'en priver ?

Cependant, il ne faut pas pour autant céder aux sirènes de la facilité ou du laxisme. Par principe, il faut investir de manière diversifiée… ce qui, je l'ai constaté, n'est pratiquement jamais vérifié dans les investissements boursiers des Français.

Votre plus grand allié : la diversification

La diversification d'un investissement est un chiffre mathématique qui a été mis en évidence en 1950 par Harry Markowitz, un économiste américain. Il a même reçu le prix Nobel d'économie en 1990 pour cette découverte. Ce chiffre est appelé le « bêta » de l'investissement, et il se situe généralement entre –2 et +2. Plus le bêta d'un investissement est proche de zéro, plus l'investissement est diversifié. Pour bien comprendre cet indicateur, observons ensemble un exemple de bêta.

Dans l'avant-propos, nous avons vu que Nicolas souhaitait investir sur l'ETF iShares Euro Dividend. C'est l'occasion parfaite d'étudier un bêta. Sur les vingt dernières années, l'ETF iShares Euro Dividend a offert une performance moyenne (dividendes compris) de 8,93 % par an (pas mal), en prenant un risque de 49,31 % (moins bien) et avec un bêta de 1,22. Un bêta si élevé confirme exactement notre démonstration : cet ETF n'est pas du tout diversifié. Si l'économie en général chute, alors cet ETF s'écroulera.

Actif	Rentabilité annuelle moyenne	Rentabilité sur 20 ans	Volatilité annuelle	Bêta sur 20 ans
iShares Euro Dividend UCITS ETF (IDVY)	8,93 %	453,00 %	49,31 %	1,22

Au contraire, si un investissement a un bêta proche de zéro, alors on parle d'un investissement « markovien » (du nom de Markowitz). Bulle Internet des années 2000, crise des *subprimes* en 2008, crise de la dette grecque en 2011, krach dû à la Covid-19 en 2020 : un pan entier de l'économie peut s'écrouler, mais l'investissement markovien résistera aux fluctuations économiques par des jeux de diversification et de compensation à l'intérieur de sa composition. Les quinze portefeuilles gagnants que vous allez découvrir dans ce livre sont tous des portefeuilles markoviens.

Prêt à gagner de l'argent ?

Chaque chapitre de ce livre correspond à un portefeuille markovien et présente la même structure, en trois parties :

- **la première partie aborde le thème du portefeuille et ses vertus.** Nous parlerons de rente avec les dividendes, avec l'immobilier coté en Bourse et avec les obligations d'entreprise. Nous parlerons d'appréciation de patrimoine avec Warren Buffett, avec Cathie Wood, avec les ETF et autres. Et nous parlerons aussi de création de valeur avec le *private equity*, les cryptomonnaies, le PEA et autres ;
- **la deuxième partie présente une liste d'actions directement connectée au thème du portefeuille.** Vous découvrirez par exemple les Dividend Aristocrats, le Global 100, les fonds ARK et autres. À chaque fois, je mettrai

en avant les grands champions et les actions qui me semblent intéressantes. J'utiliserai le triptyque rentabilité-volatilité-diversification de chaque action sur vingt ans. Pour éviter d'investir sur de jeunes sociétés, je n'ai conservé que les actions qui ont plus de vingt ans de cotation ;

- **la troisième partie propose le portefeuille markovien du thème.** Il s'agit du portefeuille le plus résilient possible, qui vise une performance aux alentours de 15 % par an en moyenne.

Au final, à travers ce livre, vous aurez l'explication de quinze thèmes d'investissement, des quinze listes d'actions correspondantes et des quinze portefeuilles gagnants. Vous découvrirez des thèmes et des champions que vous ne connaissez pas, ainsi que des portefeuilles parfaitement diversifiés.

En annexe, vous disposerez d'une définition et illustration du triptyque rentabilité-volatilité-diversification et d'un exemple de tous les calculs effectués dans cet ouvrage.

Chapitre 1

Gagner avec les dividendes en Europe

Nicolas, notre professeur de mathématiques, n'est pas satisfait des chiffres qu'il voit. D'un côté, il lit dans un article que le prix du sucre a augmenté de plus de 15 % sur l'année 2023 et, d'un autre côté, il note que le taux de rémunération de son livret A est à 3 %. Nul besoin d'être passionné par les chiffres pour constater qu'il a perdu 12 % de son pouvoir d'achat sur les produits essentiels en 2023. L'équation ne fonctionne pas : son épargne à la banque ne se valorise pas suffisamment pour compenser l'augmentation du prix des produits essentiels.

Nicolas cherche donc une alternative d'investissement qui lui permettrait de faire fructifier son argent de manière plus efficace. Aussi, il a déjà décidé que cette alternative serait passive et basée sur les dividendes.

Dans ce chapitre, je vais donc vous présenter une stratégie d'investissement passive axée sur les dividendes en Europe.

D'abord, nous aborderons les concepts de base relatifs aux dividendes : d'où ils viennent, ce qu'ils sont, comment ils fonctionnent et pourquoi ils sont importants pour les investisseurs. Nous examinerons également leurs faiblesses.

Ensuite, je vous présenterai une sélection d'actions européennes à dividendes reconnues sur les marchés. Cette liste est composée de sociétés françaises, allemandes, suisses et anglaises. J'en profiterai pour mettre en lumière certaines sociétés qui ont des caractéristiques très intéressantes.

Enfin, je vous proposerai un portefeuille markovien composé d'actions européennes à dividendes. Vous verrez, il sera très différent, en termes de diversification, de l'ETF iShares Euro Dividend repéré par Nicolas dans l'avant-propos.

Explorez tous les secrets des dividendes

La légende raconte que l'origine du dividende est française et plus précisément toulousaine. Selon la rumeur, aux alentours de 1130, lorsque les greniers du moulin de la ville étaient pleins, le surplus de grains était distribué aux investisseurs qui avaient permis le fonctionnement du moulin durant l'année. Dit autrement, les investisseurs touchaient, si l'année avait été bonne, une partie de la production du moulin. Avec le temps, cette idée de partage de la production entre les travailleurs et les investisseurs serait devenue ce qu'on appelle maintenant le dividende.

Aujourd'hui, le dividende est défini comme la partie des bénéfices d'une société qui est distribuée aux actionnaires. En d'autres termes, il correspond à l'argent que vous allez toucher pour avoir acheté les actions d'une société.

Cependant, le dividende présente trois grandes faiblesses.

Déjà, un dividende n'est jamais garanti. Chaque année, les conseils d'administration des sociétés peuvent décider de modifier à la baisse ou de supprimer les dividendes en fonction de la situation financière de l'entreprise. Par exemple, le mardi 31 mars 2020 (à cause de la pandémie de Covid-19), le conseil d'administration de la Société Générale a décidé de « supprimer toute distribution de dividendes au titre de l'exercice 2019 ». Cette année-là, il n'y pas eu de dividende pour les actionnaires de la Société Générale.

Ensuite, un dividende n'est pas forcément un enrichissement pour l'investisseur. Parfois, il peut être plus judicieux pour une société de réinvestir ses bénéfices dans son expansion ou dans d'autres projets de croissance que de les offrir à ses actionnaires. Payer grassement les actionnaires peut se traduire par des pertes de parts de marché à long terme.

Enfin, un haut dividende peut être non rentable. Par exemple, si une société promet 10 % de dividende par an mais qu'elle fait faillite au bout de trois ans, alors vous aurez perdu 70 % de votre investissement lors de sa banqueroute.

Pour éviter de tomber dans l'une de ces trois grandes faiblesses, il existe une liste de sociétés offrant du dividende reconnues par les investisseurs : les Dividend Aristocrats (Europe).

Connaissez-vous les Dividend Aristocrats ?

En Europe, sont considérées comme Dividend Aristocrats les sociétés qui remplissent toutes les conditions suivantes :

- avoir au moins dix années consécutives de hausse ou de stabilité du dividende ;
- avoir une capitalisation boursière d'au moins 3 milliards de dollars ;

avoir un volume d'échanges quotidiens d'au moins 5 millions de dollars ;
- être cotée en Europe.

Derrière ces critères, il y a l'idée de sélectionner des sociétés solides, stables et liquides (c'est-à-dire pouvant être achetées ou vendues rapidement). Imaginez : si une société a augmenté son dividende chaque année pendant au moins dix années consécutives, alors elle a augmenté son dividende pendant la situation chaotique liée à la Covid-19 (2019-2022), elle a augmenté son dividende pendant la crise grecque (2010-2011), et elle a augmenté son dividende pendant toutes les autres périodes. Cette société a démontré une capacité constante à générer des bénéfices et à récompenser ses actionnaires ! Ce n'est pas la promesse d'un dividende garanti, mais c'est une belle démonstration de force durant les périodes économiques difficiles.

Au total, il y a 47 sociétés qualifiées de Dividend Aristocrats (Europe) avec plus de vingt années de cotation.

47 actions concernées

Voici la liste des Dividend Aristocrats (Europe) ayant plus de vingt ans de cotation.

Actif	Rentabilité annuelle moyenne	Rentabilité sur 20 ans	Volatilité annuelle	Bêta sur 20 ans
ASML HOLDING	25,19 %	8 838,83 %	34,02 %	1,22
SOLVAY	24,38 %	7 756,74 %	29,00 %	1,11
NOVO NORDISK	23,83 %	7 086,50 %	21,04 %	0,34

Actif	Rentabilité annuelle moyenne	Rentabilité sur 20 ans	Volatilité annuelle	Bêta sur 20 ans
HEXAGON AB	23,64 %	6 871,53 %	34,73 %	1,05
DSV	22,34 %	5 543,24 %	29,38 %	1,02
HERMÈS	22,02 %	5 254,55 %	27,73 %	0,66
SIKA	21,39 %	4 727,82 %	24,25 %	0,76
SPIRAX-SARCO ENGINEERING	20,07 %	3 780,00 %	22,18 %	0,54
HALMA	17,61 %	2 464,79 %	21,25 %	0,51
CRODA INTERNATIONAL	17,44 %	2 390,75 %	24,33 %	0,54
COLOPLAST	15,78 %	1 773,57 %	21,00 %	0,21
SAP	15,43 %	1 662,15 %	28,27 %	1,00
GEBERIT	15,28 %	1 618,86 %	22,30 %	0,68
SAGE GROUP	14,61 %	1 429,18 %	23,27 %	0,67
NOVOZYMES	14,47 %	1 392,01 %	23,96 %	0,43
BAE SYSTEMS	13,80 %	1 226,07 %	23,08 %	0,59
WOLTERS KLUWER	13,58 %	1 177,46 %	20,98 %	0,69
SWISS LIFE	13,50 %	1 158,16 %	39,75 %	1,34
LINDT & SPRUENGLI	13,28 %	1 110,63 %	18,96 %	0,34
DCC	13,02 %	1 057,00 %	23,99 %	0,60
TELENOR	12,70 %	992,10 %	25,04 %	0,67
BUNZL	12,34 %	924,47 %	19,04 %	0,41
AIR LIQUIDE	12,32 %	921,19 %	16,66 %	0,65
TELEPERFORMANCE	11,77 %	825,91 %	28,88 %	0,84
RELX	11,71 %	815,79 %	17,20 %	0,52
DEUTSCHE BOERSE	11,17 %	732,03 %	27,97 %	0,81
MUNICH RE AG	11,09 %	719,78 %	27,53 %	0,94
GIVAUDAN	10,87 %	687,92 %	17,05 %	0,46

Actif	Rentabilité annuelle moyenne	Rentabilité sur 20 ans	Volatilité annuelle	Bêta sur 20 ans
LEGAL & GENERAL GROUP	10,75 %	670,15 %	29,96 %	1,30
L'ORÉAL	10,56 %	644,52 %	18,41 %	0,70
KERRY GROUP	9,86 %	556,25 %	19,58 %	0,43
ENAGAS	9,78 %	546,50 %	20,61 %	0,53
DIAGEO	9,58 %	523,32 %	15,27 %	0,32
ALLIANZ	9,45 %	509,09 %	29,60 %	1,29
BASF	9,09 %	469,95 %	25,33 %	1,07
UNILEVER	9,01 %	461,30 %	17,41 %	0,33
UCB	8,77 %	437,34 %	27,63 %	0,43
UNITED UTILITIES GROUP	8,36 %	398,40 %	17,26 %	0,28
NESTLÉ	7,94 %	360,79 %	13,00 %	0,28
DEUTSCHE POST	7,78 %	347,65 %	27,00 %	1,05
HENKEL	7,78 %	347,35 %	18,81 %	0,55
CARLSBERG	7,13 %	296,48 %	25,21 %	0,71
ROCHE HOLDINGS AG	7,02 %	288,34 %	17,91 %	0,24
BOUYGUES	6,77 %	270,81 %	24,93 %	0,95
NOVARTIS	6,76 %	269,91 %	15,60 %	0,33
SANOFI	5,73 %	204,91 %	19,36 %	0,59
PHILIPS NV	4,10 %	123,32 %	27,22 %	1,01

De la technologie à la fortune

Sur le podium de ce classement, il y a deux leaders de la technologie européenne : **Hexagon AB** et **ASML Holding**. **Hexagon AB** fournit des technologies de mesure des données et **ASML Holding** des machines utilisées dans la fabrication des semi-conducteurs. Sur les vingt dernières années, les deux sociétés ont offert une performance supérieure à 20 % par an en moyenne chaque année. Dit autrement, si vous aviez investi 1 000 € sur l'une ou l'autre en 2002, vous auriez entre 70 000 € et 90 000 € aujourd'hui.

Actif	Rentabilité annuelle moyenne	Rentabilité sur 20 ans	Volatilité annuelle	Bêta sur 20 ans
HEXAGON AB	23,64 %	6 871,53 %	34,73 %	1,05
ASML HOLDING	25,19 %	8 838,83 %	34,02 %	1,22

Dernière mais pas mauvaise

Vous connaissez peut-être **Philips** ? Il s'agit d'une société néerlandaise qui fabrique, en autres, des télévisions. Bien qu'elle soit dernière de ce classement, **Philips** n'a pas à rougir de sa performance sur les vingt dernières années. La société a offert une performance de plus de 4 % par an chaque année, soit un gain de 130 % sur vingt ans. Parmi les Dividend Aristocrats en Europe, même la dernière du classement a eu une performance honorable.

Actif	Rentabilité annuelle moyenne	Rentabilité sur 20 ans	Volatilité annuelle	Bêta sur 20 ans
PHILIPS NV	4,10 %	123,32 %	27,22 %	1,01

Beaucoup de risque et de cyclicité !

Swiss Life est la société la plus risquée de cette liste (en ayant une volatilité proche de 40 %). **Allianz** est également très risquée (volatilité proche de 30 %). Aussi, les deux sociétés ont un bêta supérieur à 1,30 sur vingt ans. Un fort risque et une forte cyclicité sont caractéristiques du secteur de la bancassurance. Ceci s'explique simplement par le raisonnement suivant : lorsque l'économie est en croissance, le secteur de la bancassurance propose des montages financiers extrêmement rémunérateurs, et lorsque l'économie ralentit, la demande de produits financiers et d'assurance diminue, donc le secteur de la bancassurance s'écroule.

Actif	Rentabilité annuelle moyenne	Rentabilité sur 20 ans	Volatilité annuelle	Bêta sur 20 ans
SWISS LIFE	13,50 %	1 158,16 %	39,75 %	1,34
ALLIANZ	9,45 %	509,09 %	29,60 %	1,29

Les sociétés les plus résilientes

À l'inverse, **Coloplast** et **Roche Holdings** ont le bêta le plus faible des Dividend Aristocrats en Europe. Il est inférieur à 0,30 sur vingt ans. Cela signifie qu'elles ont un parcours boursier en dehors de tous les cycles économiques. En période de croissance ou en période de récession, elles performent. Cela s'explique par leur activité : **Coloplast** et **Roche Holdings** sont des leaders dans la santé. Même en période difficile, nous nous soignons.

Actif	Rentabilité annuelle moyenne	Rentabilité sur 20 ans	Volatilité annuelle	Bêta sur 20 ans
COLOPLAST	15,78 %	1 773,57 %	21,00 %	0,21
ROCHE HOLDINGS AG	7,02 %	288,34 %	17,91 %	0,24

Un autre secteur résilient

Outre le secteur de la santé, le secteur de l'agroalimentaire est généralement très résilient. **Nestlé**, le géant de l'industrie alimentaire, a un bêta de 0,28 pour une rentabilité de presque 8 % par an. Les produits de base comme le lait, les céréales et autres produits alimentaires sont des nécessités quotidiennes pour de nombreuses personnes à travers le monde, ce qui confère à **Nestlé** une certaine immunité face aux fluctuations économiques.

Actif	Rentabilité annuelle moyenne	Rentabilité sur 20 ans	Volatilité annuelle	Bêta sur 20 ans
NESTLÉ	7,94 %	360,79 %	13,00 %	0,28

Le secret de l'autonomie ?

Après le secteur de la santé et de l'agroalimentaire, il y a un autre secteur qui performe en dehors de tous les cycles économiques : les sociétés de portefeuilles de marques. Les cubes Knorr, les glaces Magnum, les savons Dove, les déodorants Axe ou la lessive Omo sont tous exploités par la même société : **Unilever**. Lipton ? Rexona ? Cornetto ? C'est encore **Unilever**. La société a offert quasiment 10 % par an sur les vingt dernières années, avec un bêta proche de 0,30. *In fine*, le meilleur moyen de résister aux cycles économiques ne serait-il pas d'exploiter une diversité de marques différentes ?

Actif	Rentabilité annuelle moyenne	Rentabilité sur 20 ans	Volatilité annuelle	Bêta sur 20 ans
UNILEVER	9,01 %	461,30 %	17,41 %	0,33

Coquerico !

Dans la liste des Dividend Aristocrats (Europe), il y a six sociétés françaises : **Hermès**, **Teleperformance**, **Air Liquide**, **L'Oréal**, **Sanofi** et **Bouygues**. Rien que ce panel formerait un panier d'actions diversifié en allant du secteur du luxe à celui de la santé en passant par l'industrie, la consommation et la construction. Aussi, ce panier aurait offert 10 % de gains en moyenne par an sur les vingt dernières années.

Actif	Rentabilité annuelle moyenne	Rentabilité sur 20 ans	Volatilité annuelle	Bêta sur 20 ans
HERMÈS	22,02 %	5 254,55 %	27,73 %	0,66
AIR LIQUIDE	12,32 %	921,19 %	16,66 %	0,65
TELEPERFORMANCE	11,77 %	825,91 %	28,88 %	0,84
L'ORÉAL	10,56 %	644,52 %	18,41 %	0,70
BOUYGUES	6,77 %	270,81 %	24,93 %	0,95
SANOFI	5,73 %	204,91 %	19,36 %	0,59

Une première pépite ?

Novo Nordisk est une société pharmaceutique danoise spécialisée dans le traitement de maladies chroniques type diabète, obésité et troubles sanguins rares. Son parcours boursier connaît un équilibre impressionnant ! Plus de 20 % de performance en moyenne par an pour un bêta inférieur à 0,35.

Actif	Rentabilité annuelle moyenne	Rentabilité sur 20 ans	Volatilité annuelle	Bêta sur 20 ans
NOVO NORDISK	23,83 %	7 086,50 %	21,04 %	0,34

Une seconde pépite ?

Spirax-Sarco Engineering a aussi un parcours boursier impressionnant. C'est une société anglaise qui équipe des industriels dans l'agroalimentaire, la pharmacie, l'industrie ou l'électronique, avec des pompes à vapeur. Sur les vingt dernières années, elle a gagné plus de 20 % en moyenne chaque année avec un bêta inférieur à 0,55.

Actif	Rentabilité annuelle moyenne	Rentabilité sur 20 ans	Volatilité annuelle	Bêta sur 20 ans
SPIRAX-SARCO ENGINEERING	20,07 %	3 780,00 %	22,18 %	0,54

Le portefeuille gagnant avec les dividendes en Europe

Après avoir étudié la liste des Dividend Aristocrats en Europe ayant plus de vingt ans de cotation, voici un portefeuille markovien pour viser 15 % en moyenne par an avec énormément de résilience. Ce portefeuille est composé de onze actions. Son podium est composé de **Novo Nordisk** et **Spirax-Sarco**, les deux pépites de cette liste.

Actif	Pondération dans le portefeuille	Rentabilité annuelle moyenne	Volatilité annuelle	Bêta sur 20 ans
NOVO NORDISK	12,5 %	23,83 %	21,04 %	0,34
SPIRAX-SARCO ENGINEERING	12,5 %	20,07 %	22,18 %	0,54

Actif	Pondération dans le portefeuille	Rentabilité annuelle moyenne	Volatilité annuelle	Bêta sur 20 ans
NESTLÉ	10 %	7,94 %	13,00 %	0,28
AIR LIQUIDE	10 %	12,32 %	16,66 %	0,65
UNILEVER	10 %	9,01 %	17,41 %	0,33
HERMÈS	10 %	22,02 %	27,73 %	0,66
COLOPLAST	10 %	15,78 %	21,00 %	0,21
LINDT & SPRUENGLI	10 %	13,28 %	18,96 %	0,34
HALMA	5 %	17,61 %	21,25 %	0,51
DIAGEO	5 %	9,58 %	15,27 %	0,32
CRODA INTERNATIONAL	5 %	17,44 %	24,33 %	0,54
Total	**100 %**	**15,75 %**	~~19,92 %~~	**0,43**
	Véritable volatilité annuelle ⇒		10,48 %	
	Économie de risque		47,37 %	

La rentabilité annuelle moyenne de ce portefeuille est de 15,75 % et sa volatilité annuelle, de 10,48 %. Théoriquement, sa volatilité annuelle devrait être de 19,92 % par an mais, *via* les jeux de compensation de la diversification, le risque est réduit de plus de 47 % !

Belle harmonie ! Trois strates composent ce portefeuille markovien :

- la première strate contient **Novo Nordisk** et **Spirax-Sarco Engineering** (à 12,5 % respectivement). Face à leurs statistiques très impressionnantes sur les vingt dernières années, il n'est pas illogique que la diversification capitalise sur ces deux champions européens ;

- la deuxième strate est composée de **Nestlé**, **Air Liquide**, **Unilever**, **Hermès**, **Coloplast** et **Lindt & Spruengli** (à 10 % respectivement). Cette combinaison est un noyau dur. Elle agrège des sociétés de secteurs et de pays très différents. L'objectif est de stabiliser la performance globale du portefeuille dans le temps ;
- enfin, la dernière strate est composée de **Halma**, **Diageo** et **Croda International** (à 5 % respectivement). Ils viennent en soutien contribuer à la diversification sectorielle du portefeuille.

Face aux caractéristiques de ce portefeuille, Nicolas, notre professeur de mathématiques, est conquis. La comparaison par rapport à l'ETF iShares Euro Dividend est sans appel. Ce portefeuille a une performance visée deux fois plus ambitieuse, un risque quatre fois inférieur et un bêta trois fois plus bas que l'ETF iShares Euro Dividend. Et le thème principal de ce portefeuille n'a pas été oublié : au niveau du dividende, ce portefeuille propose un versement de 2 % annuel régulier, prévisible et en augmentation continuelle dans les prochaines années. Vous avez, face à vous, un portefeuille parfait pour toucher vos dividendes en Europe !

Comparaison	Rentabilité annuelle moyenne	Volatilité annuelle	Bêta sur 20 ans
Le portefeuille gagnant avec les dividendes en Europe	15,75 %	10,48 %	0,43
iShares Euro Dividend UCITS ETF (IDVY)	8,93 %	49,31 %	1,22

Chapitre 2

Gagner avec les dividendes aux États-Unis

Devant son écran, Pierre s'interroge... Il a 46 ans et il est pratiquement sûr qu'il n'aura pas de retraite. Depuis vingt ans, tout mène à penser que le système de retraite va s'effondrer sur lui-même, englouti par son énorme dette. En 2003, il y a eu une réforme pour réduire le déficit du système des retraites, puis en 2010, une autre réforme, toujours pour réduire ce déficit. Résultat en 2020 ? Le Conseil d'orientation des retraites a publié un rapport indiquant que le déficit des régimes de retraite avait continué de s'accroître. Aucune réforme n'arrive à endiguer cet effondrement !

Pierre souhaite donc se constituer son propre système de retraite pour ne prendre aucun risque. Il a entendu dire qu'outre-Atlantique, il y a de très nombreuses entreprises réputées pour leur dividende. Alors, pourquoi se priver de leur générosité ?

Dans ce chapitre, nous allons étudier une stratégie d'investissement passive axée sur les dividendes aux États-Unis.

Dans un premier temps, je vous présenterai une liste d'actions américaines à dividendes, reconnue par les investisseurs sur les marchés. Comme en Europe, cette liste porte le nom de Dividend Aristocrats. Comme en Europe, il s'agit de sociétés ayant augmenté ou stabilisé leur dividende à travers les années.

Dans un deuxième temps, nous passerons en revue les sociétés de cette liste. Il y en a 63, dont certaines sont très connues, d'autres remarquables, et j'en profiterai pour mettre en avant les sociétés qui me paraissent les plus intéressantes.

Enfin, je vous proposerai le portefeuille markovien avec cette liste. Vous aurez donc un portefeuille parfaitement diversifié et gagnant composé exclusivement d'actions américaines à dividendes.

Découvrez les Dividend Aristocrats aux États-Unis

Aux États-Unis, sont considérées comme Dividend Aristocrats les sociétés qui remplissent toutes les conditions suivantes :

- avoir augmenté leur dividende chaque année pendant au moins vingt-cinq années consécutives ;
- avoir un volume d'échanges quotidien d'au moins 5 millions de dollars ;
- avoir une capitalisation boursière supérieure ou égale à 3 milliards de dollars ;
- être cotée aux États-Unis.

Vous aurez remarqué que les conditions sont les mêmes que pour les Dividend Aristocrats en Europe, à une exception près : le nombre d'années consécutives de hausse du dividende. Pour être dans la liste des Dividend Aristocrats en Europe, une société doit avoir augmenté son dividende pendant « seulement » dix années consécutives, alors qu'aux États-Unis, pour entrer dans cette liste la société doit avoir augmenté son dividende pendant au moins vingt-cinq années consécutives. Cette différence s'explique par trois points : outre-Atlantique, les marchés financiers sont beaucoup plus anciens, ils sont généralement plus matures et la culture du dividende est beaucoup plus forte. Par exemple, les dividendes sont distribués, non pas tous les ans, mais tous les trimestres.

Les actions américaines que nous allons rencontrer ont donc connu une multitude de turbulences boursières sans jamais baisser leur dividende. Bulle Internet des années 2000, attentats du 11 septembre 2001, crise financière mondiale (2007-2008), crise de la dette souveraine européenne (2010-2012) et pandémie de Covid-19... ces actions n'ont jamais abandonné leurs actionnaires.

Au total, il y a 63 sociétés qualifiées de Dividend Aristocrats (États-Unis) avec plus de vingt années de cotation.

63 actions concernées

Voici la liste des 63 actions Dividend Aristocrats (États-Unis) qui ont plus de vingt ans de cotation.

Actif	Rentabilité annuelle moyenne	Rentabilité sur 20 ans	Volatilité annuelle	Bêta sur 20 ans
WEST PHARMACEUTICAL SERVICES INC.	23,13 %	6311,92 %	26,28 %	0,60
SHERWIN-WILLIAMS CO.	20,83 %	4299,40 %	22,87 %	0,67
NUCOR CORP.	18,38 %	2820,00 %	35,31 %	1,13
ROPER INDUSTRIES INC.	18,22 %	2742,70 %	20,74 %	0,68

Actif	Rentabilité annuelle moyenne	Rentabilité sur 20 ans	Volatilité annuelle	Bêta sur 20 ans
W. GRAINGER	17,74 %	2 520,47 %	24,11 %	0,73
CATERPILLAR	17,40 %	2 372,04 %	31,62 %	1,07
MCDONALD'S CORP.	17,11 %	2 255,41 %	17,22 %	0,46
NORDSON CORP.	17,11 %	2 253,40 %	28,46 %	0,93
LINDE PLC	16,49 %	2 015,97 %	18,44 %	0,65
O. SMITH	16,24 %	1 927,87 %	29,63 %	0,82
CHURCH & DWIGHT	15,89 %	1 810,26 %	18,00 %	0,20
S&P GLOBAL	15,19 %	1 590,97 %	25,28 %	0,78
CINTAS CORP.	14,97 %	1 529,01 %	23,94 %	0,81
T. ROWE PRICE	13,83 %	1 232,79 %	26,92 %	1,02
NEXTERA ENERGY	13,80 %	1 226,55 %	17,89 %	0,25
LOWE'S	13,80 %	1 226,35 %	26,65 %	0,72
ALBEMARLE	13,45 %	1 147,94 %	36,37 %	1,21
DOVER CORP.	13,39 %	1 134,79 %	25,63 %	1,00
AUTOMATIC DATA PROC	13,39 %	1134,51 %	19,50 %	0,63
ILLINOIS TOOL WORKS	13,28 %	1 110,11 %	21,70 %	0,81
ECOLAB INC.	13,03 %	1 059,12 %	19,45 %	0,62
CHUBB CORP.	12,87 %	1 025,47 %	19,66 %	0,63
BROWN-FORMAN CORP.	12,58 %	969,40 %	20,13 %	0,54
BECTON	12,26 %	910,62 %	18,74 %	0,34
ATMOS ENERGY	11,98 %	861,40 %	16,05 %	0,35
EXPEDITORS INT'L OF WA	11,73 %	818,35 %	25,06 %	0,63
GENERAL DYNAMICS	11,67 %	809,80 %	22,19 %	0,83
PPG INDUSTRIES INC.	11,58 %	795,12 %	23,60 %	0,93

Actif	Rentabilité annuelle moyenne	Rentabilité sur 20 ans	Volatilité annuelle	Bêta sur 20 ans
AIR PRODUCTS & CHEM	11,34 %	757,48 %	21,70 %	0,72
ESSEX PROPERTY	11,33 %	754,80 %	22,30 %	0,57
CHEVRON CORP.	11,26 %	745,08 %	23,37 %	0,70
HORMEL FOODS CORP.	11,24 %	742,33 %	18,98 %	0,20
REALTY INCOME CORP.	11,15 %	728,73 %	21,63 %	0,49
GENUINE PARTS CO.	11,11 %	722,26 %	19,81 %	0,59
PENTAIR INC.	11,00 %	706,87 %	26,83 %	0,84
MCCORMICK & CO.	10,95 %	699,54 %	17,94 %	0,31
EMERSON ELECTRIC CO.	10,75 %	670,40 %	24,40 %	0,94
C.H. ROBINSON	10,47 %	632,77 %	23,89 %	0,51
AFLAC INC.	10,42 %	625,47 %	27,81 %	0,99
TARGET CORP.	10,26 %	604,70 %	27,14 %	0,70
FEDERAL REALTY INV	10,24 %	602,46 %	24,19 %	0,72
PEPSICO INC.	10,11 %	586,60 %	14,92 %	0,38
CINCINNATI FINANCIAL	9,84 %	552,98 %	21,11 %	0,54
ARCHER-DANIELS-MIDL	9,43 %	505,97 %	26,98 %	0,58
CLOROX CO.	9,42 %	504,73 %	17,83 %	0,21
EXXON MOBIL CORP.	9,20 %	481,23 %	22,42 %	0,62
PROCTER & GAMBLE CO.	9,01 %	461,33 %	15,32 %	0,26
M. SMUCKER	8,95 %	454,82 %	20,41 %	0,31
IBM	8,72 %	432,60 %	21,79 %	0,62
CONSOLIDATED EDISON	8,39 %	400,82 %	15,90 %	0,14

Actif	Rentabilité annuelle moyenne	Rentabilité sur 20 ans	Volatilité annuelle	Bêta sur 20 ans
WALMART	8,19 %	383,00 %	17,09 %	0,26
JOHNSON & JOHNSON	8,16 %	380,08 %	14,58 %	0,35
COLGATE-PALMOLIVE CO.	8,02 %	367,72 %	15,45 %	0,29
SYSCO CORP.	7,89 %	356,55 %	22,10 %	0,69
FRANKLIN RESOURCES	7,59 %	332,11 %	27,47 %	1,06
THE COCA-COLA CO.	7,45 %	320,92 %	15,95 %	0,38
STANLEY BLACK & DEC	7,41 %	317,76 %	27,97 %	0,98
KIMBERLY-CLARK	7,40 %	317,28 %	15,94 %	0,25
CARDINAL HEALTH INC.	6,51 %	252,81 %	24,99 %	0,63
3M	6,02 %	222,01 %	20,71 %	0,69
MEDTRONIC INC.	5,19 %	175,33 %	20,28 %	0,56
LEGGETT & PLATT	4,11 %	123,87 %	28,39 %	0,83
WALGREENS BOOTS AL	0,56 %	11,89 %	27,40 %	0,68

Une très belle découverte

Première de ce classement, l'action **West Pharmaceutical Services** a offert en moyenne une performance de 24 % par an chaque année sur les vingt dernières années. Assez impressionnant ! En ayant investi 1 000 $ il y a une vingtaine d'années, vous auriez presque 70 000 $ aujourd'hui. De plus, l'action a une volatilité maîtrisée de 26 % par an. Et il faut ajouter qu'elle a un indice de diversification extrêmement bon, avec un bêta de 0,57.

In fine, cette société ne cumule que du positif : une bonne performance, un bon ratio risque-rendement et une bonne diversification. Ses statistiques s'expliquent potentiellement par son profil : c'est un fournisseur mondial de solutions d'emballage et de livraison pour l'industrie pharmaceutique. **West Pharmaceutical Services** est donc à la fois mondiale (donc diversifiée), dans la santé (donc sur un secteur défensif) et leader dans l'industrie (donc performante). Dit autrement, en tant que fournisseur de produits essentiels à la chaîne d'approvisionnement pharmaceutique, cette société bénéficie d'une excellente demande, d'une faible volatilité, et cela dans toutes les conditions de marché.

Actif	Rentabilité annuelle moyenne	Rentabilité sur 20 ans	Volatilité annuelle	Bêta sur 20 ans
WEST PHARMACEUTICAL SERVICES INC.	23,13 %	6 311,92 %	26,28 %	0,60

Un conquérant historique !

McDonald's a, lui aussi, un profil impressionnant. Sa performance dépasse les 17 % par an en moyenne, pour un risque de 17 %, auquel nous pouvons ajouter un indice de diversification de 0,46. La chaîne de fast-food est donc un excellent performeur, peu risqué et quasi indépendant. Quelques raisons pourraient expliquer ces statistiques. Déjà, **McDonald's** est l'une des marques les plus connues au monde. Ensuite, son système de franchise lui permet de multiplier les sources de revenus partout dans le monde. Enfin, la restauration rapide reste abordable dans toutes les conditions économiques. Même en période de ralentissement économique ou de confinement, le fast-food reste une référence.

Actif	Rentabilité annuelle moyenne	Rentabilité sur 20 ans	Volatilité annuelle	Bêta sur 20 ans
MCDONALD'S CORP.	17,11 %	2 255,41 %	17,22 %	0,46

L'agroalimentaire : toujours résilient

Hormel Foods est la société de cette liste avec le bêta le plus faible : 0,20. Fondée en 1891, elle produit une large gamme de produits alimentaires, notamment de la viande, de la charcuterie, de la volaille, des plats préparés, des condiments et des sauces (avec des marques emblématiques telles que Spam, Skippy, Jennie-O et bien d'autres). L'incroyable résilience d'**Hormel Foods** provient en partie de la nature de ses produits. Que l'économie soit en croissance ou en récession, qui n'a pas besoin de se nourrir ?

Actif	Rentabilité annuelle	Rentabilité sur 20 ans	Volatilité annuelle	Bêta sur 20 ans
HORMEL FOODS CORP.	11,24 %	742,33 %	18,98 %	0,20

Soixante-cinq années de dividende en augmentation

3M est une société américaine assez connue pour des produits emblématiques tels que les Post-it, les rubans adhésifs Scotch, ou encore certains masques de protection. Elle a été fondée en 1902 et, depuis plus de soixante ans, a augmenté son dividende chaque année. Selon les données de son site Internet, le dividende était à 0,22 $ en 1977. Puis aux alentours de 1 $ en 1996, 2 $ en 2008, 4 $ en 2015, et enfin 6 $ en 2022.

Aussi, la société a un risque maîtrisé et une certaine résilience face aux cycles économiques (bêta de 0,69).

Actif	Rentabilité annuelle moyenne	Rentabilité sur 20 ans	Volatilité annuelle	Bêta sur 20 ans
3M	6,02 %	222,01 %	20,71 %	0,69

Quatre leaders

Johnson & Johnson est un leader dans les produits d'hygiène. **PepsiCo** est un leader dans les boissons. **Procter & Gamble** est un leader dans les produits ménagers. **Colgate-Palmolive** est un leader dans la santé dentaire. Tous ces leaders ont un bêta inférieur à 0,40. Grâce à leur offre, ils sont tous quasi indépendants des cycles économiques. Il s'agit de produits que le consommateur utilise régulièrement dans sa vie quotidienne. Que l'économie soit en hausse ou en baisse, qui peut se passer de lessive ou de dentifrice ?

Actif	Rentabilité annuelle moyenne	Rentabilité sur 20 ans	Volatilité annuelle	Bêta sur 20 ans
JOHNSON & JOHNSON	8,16 %	380,08 %	14,58 %	0,35
PEPSICO INC.	10,11 %	586,60 %	14,92 %	0,38
PROCTER & GAMBLE CO.	9,01 %	461,33 %	15,32 %	0,26
COLGATE-PALMOLIVE CO.	8,02 %	367,72 %	15,45 %	0,29

À l'inverse...

Nucor, **Albemarle** et **Caterpillar** ont toutes un bêta supérieur à 1. Aussi ces trois sociétés sont-elles très risquées (elles ont une volatilité annuelle supérieure à 30 %). Généralement, l'un explique l'autre : plus une société est cyclique et plus elle est risquée.

Actif	Rentabilité annuelle moyenne	Rentabilité sur 20 ans	Volatilité annuelle	Bêta sur 20 ans
NUCOR CORP.	18,38 %	2 820,00 %	35,31 %	1,13
ALBEMARLE	13,45 %	1 147,94 %	36,37 %	1,21
CATERPILLAR	17,40 %	2 372,04 %	31,62 %	1,07

Un champion caché !

Church & Dwight est une société peu connue à l'international mais très puissante aux États-Unis. Son activité s'étend des détergents aux crèmes épilatoires en passant par les préservatifs et les shampoings. Par exemple, **Church & Dwight** est le premier fabriquant de bicarbonate de soude aux États-Unis. Statistiquement, la société a offert plus de 15 % par an en moyenne pour un risque extrêmement maîtrisé et une quasi-indépendance des cycles économiques (bêta de 0,2).

Actif	Rentabilité annuelle moyenne	Rentabilité sur 20 ans	Volatilité annuelle	Bêta sur 20 ans
CHURCH & DWIGHT	15,89 %	1 810,26 %	18,00 %	0,20

Un autre champion caché !

NextEra Energy est un producteur d'énergie américain extrêmement intéressant : sa production électrique se répartit entre un tiers de nucléaire, un tiers de gaz naturel et un tiers d'éolien. La société a donc trois jambes, ce qui explique probablement son bêta très faible (0,24). À cette caractéristique, nous pouvons ajouter une performance annuelle de 16 % et un risque de 18 %. C'est un champion.

Actif	Rentabilité annuelle moyenne	Rentabilité sur 20 ans	Volatilité annuelle	Bêta sur 20 ans
NEXTERA ENERGY	13,80 %	1226,55 %	17,89 %	0,25

Le portefeuille gagnant avec les dividendes aux États-Unis

Pour viser 15 % en moyenne par an avec des actions américaines à dividendes et le minimum de risque, voici un nouveau portefeuille markovien. Il est composé d'une douzaine d'actions. Son podium offre un équilibre parfait entre performance, stabilité et diversification : **NextEra Energy**, **Church & Dwight** et **West Pharmaceutical Services** (à hauteur de 10 % chacun).

Actif	Pondération dans le portefeuille	Rentabilité annuelle moyenne	Volatilité annuelle	Bêta sur 20 ans
NEXTERA ENERGY	10 %	13,80 %	17,89 %	0,25
CHURCH & DWIGHT	10 %	15,89 %	18,00 %	0,20
WEST PHARMACEUTICAL SERVICES INC.	10 %	23,13 %	26,28 %	0,60

Actif	Pondération dans le portefeuille	Rentabilité annuelle moyenne	Volatilité annuelle	Bêta sur 20 ans
MCDONALD'S CORP.	10 %	17,11 %	17,22 %	0,46
SHERWIN-WILLIAMS CO.	10 %	20,83 %	22,87 %	0,67
PEPSICO INC.	10 %	10,11 %	14,92 %	0,38
MCCORMICK & CO.	9 %	10,95 %	17,94 %	0,31
LINDE PLC	8 %	16,49 %	18,44 %	0,65
ROPER INDUSTRIES INC.	8 %	18,22 %	20,74 %	0,68
HORMEL FOODS CORP.	5 %	11,24 %	18,98 %	0,20
PROCTER & GAMBLE CO.	5 %	9,01 %	15,32 %	0,26
JOHNSON & JOHNSON	5 %	8,16 %	14,58 %	0,35
Total	100 %	15,27 %	18,91 %	0,43
	Véritable volatilité annuelle ⇒		9,73 %	
	Économie de risque		48,54 %	

La rentabilité annuelle moyenne de ce portefeuille est de 15,27 % et sa volatilité annuelle, de 9,73 %. Théoriquement, sa volatilité devrait être de 18,91 % par an, mais les jeux de compensation de la diversification ont réduit le risque de plus de 48 % !

Pour mettre l'accent sur un équilibre et une stabilité à long terme, ce portefeuille cumule deux caractéristiques :

- la pondération de chaque ligne de ce portefeuille est quasi identique. De cette manière, chaque investissement contribue de manière égale à la composition globale du portefeuille et il n'y a aucun risque d'avoir une concentration excessive sur un seul titre ;
- aussi, ce portefeuille est constitué de plusieurs jambes. Il est investi dans le secteur de l'énergie (**NextEra Energy**), de la

santé (**West Pharmaceutical Services**) et de la consommation de masse (**Church & Dwight**, **Procter & Gamble**, **Johnson & Johnson**, **McDonald's**).

En combinant une pondération des lignes et une diversification sectorielle, ce portefeuille cherche à offrir une stabilité à long terme tout en minimisant l'exposition aux fluctuations économiques.

Pierre est totalement satisfait de ce portefeuille gagnant : il est parfaitement positionné pour tirer profit des vingt prochaines années. Au niveau du dividende, Pierre peut s'attendre à un versement de 2 % annuel régulier, prévisible et en augmentation pour les prochaines années. À noter qu'il s'agit d'un dividende versé tous les trimestres par convention américaine.

Chapitre 3

Gagner avec l'immobilier coté en Europe

Danielle fête ses 30 ans. Pendant le repas, elle est surprise de constater à quel point son parcours a été influencé par celui de sa mère. Installées côte à côte, on dirait l'arbre et la jeune pousse. À 22 ans, Danielle est devenue fonctionnaire comme sa mère. À 23 ans, elle s'est installée dans la même ville que sa mère. Et aujourd'hui, comme sa mère l'a fait au même âge, elle souhaite investir dans l'immobilier. Tout est identique à une exception près : alors qu'elle a 30 ans aujourd'hui, Danielle est dans l'incapacité d'investir dans un bien immobilier en locatif. Sa situation est équivalente à celle de sa mère à l'époque, et pourtant, elle semble moins favorable. Pour commencer tout de même à se construire un patrimoine, Danielle pense donc à investir dans l'immobilier coté en Bourse, parce qu'il y a moins de frais, plus de choix et des loyers récurrents *via* des dividendes.

Dans ce chapitre, je vais ainsi vous présenter une stratégie d'investissement passive basée sur l'immobilier coté en Bourse en Europe.

Dans la première partie, je vous exposerai le fonctionnement de l'immobilier coté en Bourse. L'idée est de comprendre les liens entre parc immobilier, locataires, Bourse, dividendes et actionnaires. La Bourse permet d'avoir les avantages de l'immobilier sans s'encombrer de ses contraintes.

Dans la deuxième partie, je vous présenterai une sélection de 37 actions immobilières européennes cotées en Bourse. Ce sera l'occasion de découvrir ou redécouvrir des pépites de la scène boursière européenne.

Enfin, je vous proposerai un portefeuille markovien composé des meilleures actions immobilières européennes. Ce portefeuille se distinguera par sa diversification optimale.

Tirez profit du principe de l'immobilier coté

Quand je travaillais en gestion de patrimoine, je me suis aperçu que beaucoup de Français préféraient l'immobilier à la Bourse. Dès qu'ils avaient un petit peu d'argent de côté, ils s'imaginaient trouver un petit appartement, un locataire de confiance, et louer l'appartement en contrepartie de loyers. Et puis finalement, cela n'aboutissait pas : trop de frais chez le notaire, trop de gestion, trop de soucis... Le business de la location immobilière en direct a des coûts et des contraintes trop forts pour le particulier. Mais il existe une alternative !

Certaines sociétés sont cotées en Bourse et investissent dans l'immobilier. Elles achètent, gèrent et administrent des appartements, des bureaux, des centres commerciaux ou autres. Elles s'occupent de trouver des locataires, de remplir les papiers, etc. Comme elles sont cotées, il est possible d'investir sur ce type de sociétés en un clic. De cette manière, l'investisseur s'expose au marché immobilier, à ses loyers et ses plus-values, sans avoir à gérer directement les biens ou à supporter les tracas associés à la propriété en direct.

En France, des sociétés cotées comme **Unibail-Rodamco-Westfield** ou **Klépierre** sont devenues des spécialistes de cette activité. D'ailleurs, **Unibail-Rodamco-Westfield** est l'une des plus grandes sociétés immobilières au monde ! Elle est spécialisée dans les centres commerciaux en Europe et aux États-Unis. **Klépierre**, quant à elle, est l'une des plus grandes sociétés européennes. Elle détient un portefeuille de centres commerciaux dans toute l'Europe.

Nous allons voir ensemble une liste de 37 sociétés immobilières cotées en Europe avec vingt années de cotation.

37 actions concernées

Voici la liste des 37 sociétés immobilières cotées en Europe depuis au moins vingt années.

Actif	Rentabilité annuelle moyenne	Rentabilité sur 20 ans	Volatilité annuelle	Bêta sur 20 ans
COVIVIO HOTELS	20,72 %	4 221,95 %	66,36 %	0,58
ALTAREIT	18,63 %	2 947,02 %	69,29 %	0,63
WIHLBORGS FASTIGHETER	18,27 %	2 769,61 %	24,99 %	0,60
BIG YELLOW GROUP PLC	15,63 %	1 725,07 %	28,15 %	0,69
WAREHOUSES DE PAUW NV	15,56 %	1 702,93 %	18,75 %	0,31
ATRIUM LJUNGBERG B	14,34 %	1 358,82 %	30,39 %	0,65
CASTELLUM	13,62 %	1 186,42 %	24,80 %	0,67
CATENA	12,72 %	997,31 %	35,85 %	0,68
FABEGE	12,11 %	883,55 %	28,95 %	0,82

Actif	Rentabilité annuelle moyenne	Rentabilité sur 20 ans	Volatilité annuelle	Bêta sur 20 ans
ALTAREA	11,14 %	726,81 %	28,08 %	0,64
HUFVUDSTADEN CLASS A	11,12 %	723,43 %	21,75 %	0,62
UNITE GROUP PLC	10,97 %	702,28 %	43,27 %	1,14
PSP SWISS PROPERTY AG	10,83 %	681,99 %	32,43 %	0,38
ATENOR	10,56 %	644,63 %	33,39 %	0,48
SOCIÉTÉ FONCIÈRE LYONNAISE	9,87 %	557,53 %	20,94 %	0,50
RETAIL ESTATES NV	9,78 %	545,93 %	17,82 %	0,43
ICADE REIT SA	8,90 %	450,65 %	31,79 %	0,99
GECINA SA	8,77 %	437,66 %	30,74 %	1,12
ALLREAL HOLDING AG	7,78 %	347,11 %	12,03 %	0,23
COVIVIO SA	7,62 %	334,03 %	29,25 %	1,05
IMMOBILIÈRE DASSAULT SA	7,54 %	328,08 %	23,10 %	0,34
DERWENT LONDON REIT PLC	7,35 %	312,77 %	25,19 %	0,79
SWISS PRIME SITE AG	6,87 %	277,68 %	14,46 %	0,33
KLÉPIERRE REIT SA	6,05 %	223,71 %	31,92 %	1,06
SEGRO REIT PLC	5,71 %	203,80 %	26,23 %	0,81
CITYCON	5,39 %	185,65 %	26,27 %	0,77
CA IMMOBILIEN ANLAGEN AG	5,37 %	184,71 %	30,63 %	0,89
VASTNED RETAIL REIT NV	4,11 %	123,81 %	23,26 %	0,70
BRITISH LAND REIT PLC	3,96 %	117,34 %	25,86 %	0,89

Actif	Rentabilité annuelle moyenne	Rentabilité sur 20 ans	Volatilité annuelle	Bêta sur 20 ans
LAND SECURITIES GROUP REIT PLC	3,68 %	106,11 %	25,81 %	0,94
COFINIMMO REIT SA	3,66 %	105,22 %	15,77 %	0,45
DEUTSCHE EUROSHOP AG	3,15 %	86,08 %	28,34 %	0,61
TAG IMMOBILIEN AG	1,46 %	33,55 %	33,00 %	0,61
NSI NV	-0,43 %	-8,29 %	21,25 %	0,63
TOUR EIFFEL (SOCIÉTÉ DE LA)	-2,49 %	-39,57 %	34,25 %	0,93
ARTEA	-7,33 %	-78,20 %	69,53 %	0,53
INMOBILIARIA COLONIAL SA	-9,38 %	-86,05 %	46,56 %	1,17

Deux filiales françaises dans le top !

Covivio Hotels signe la meilleure performance de ce classement européen. Il s'agit de la branche qui possède et gère les hôtels en Europe d'une autre société de ce classement : **Covivio**. **Altareit** signe la deuxième meilleure performance et c'est la filiale d'**Altarea**. Dans les deux cas, la filiale est deux fois plus rentable, mais aussi deux fois plus risquée que la maison mère. Les filiales ont généralement un marché très ciblé qui les rend performantes mais elles ont aussi une structure plus fragile qui les rend plus risquées.

Actif	Rentabilité annuelle moyenne	Rentabilité sur 20 ans	Volatilité annuelle	Bêta sur 20 ans
COVIVIO HOTELS	20,72 %	4 221,95 %	66,36 %	0,58

Actif	Rentabilité annuelle moyenne	Rentabilité sur 20 ans	Volatilité annuelle	Bêta sur 20 ans
ALTAREIT	18,63 %	2 947,02 %	69,29 %	0,63
ALTAREA	11,14 %	726,81 %	28,08 %	0,64
COVIVIO SA	7,62 %	334,03 %	29,25 %	1,05

Presque –10 % par an

Inmobiliaria Colonial est une société immobilière cotée à la Bourse de Madrid (faisant partie de son indice principal, l'Ibex 35). Malheureusement, la société ne s'est jamais remise de la crise immobilière des *subprimes*. Depuis 2008, elle est continuellement dans le rouge. Elle offre tout de même un dividende de 5 % par an. Cette société est donc l'exemple parfait d'une société à dividende non rentable pour les actionnaires.

Actif	Rentabilité annuelle moyenne	Rentabilité sur 20 ans	Volatilité annuelle	Bêta sur 20 ans
INMOBILIARIA COLONIAL SA	-9,38 %	-86,05 %	46,56 %	1,17

Un profil quasi unique

Warehouses de Pauw NV est une société belge spécialisée dans la logistique de location d'entrepôts. Son profil statistique est assez impressionnant sur les vingt dernières années. Elle a offert plus de 15 % chaque année pour un risque très limité (18,75 %) et une quasi-indépendance des cycles économiques. Il est possible que le marché de la location d'entrepôts soit plus efficient que le marché de la location résidentielle. Dans la location d'entrepôts, il y a moins d'entretien, moins de squats, des contrats de plus longue durée, etc.

Actif	Rentabilité annuelle moyenne	Rentabilité sur 20 ans	Volatilité annuelle	Bêta sur 20 ans
WAREHOUSES DE PAUW NV	15,56 %	1702,93 %	18,75 %	0,31

Une autre pépite

Big Yellow Group est une société cotée à la Bourse de Londres (et faisant partie de son indice principal, le FTSE 250). Il s'agit de la plus grande société de self-stockage au Royaume-Uni. Vous la connaissez peut-être (je vous invite à aller voir son logo). Les garde-meubles ont des caractéristiques boursières extrêmement favorables, mais nous en parlerons plus longuement dans le prochain chapitre. Effectivement, nous y découvrirons deux sociétés américaines incontournables avec une activité de garde-meubles.

Actif	Rentabilité annuelle moyenne	Rentabilité sur 20 ans	Volatilité annuelle	Bêta sur 20 ans
BIG YELLOW GROUP PLC	15,63 %	1725,07 %	28,15 %	0,69

La Suisse : très bien, mais !

Dans ce classement, les sociétés immobilières suisses ont de très bons profils : **PSP Swiss Property AG**, **Allreal Holding AG** et **Swiss Prime Site AG**. Elles sont indépendantes des cycles économiques (bêta entre 0,23 et 0,38), avec un risque relativement maîtrisé, et elles sont rentables ! Mais – et c'est là que le bât blesse – leur rentabilité ne dépasse pas les 10 % par an. Or, cela devient très contraignant lorsque l'investisseur souhaite un portefeuille qui vise une ambition de 15 % par an. Dit autrement, ce sont de très bons profils mais extrêmement limitants pour des investisseurs ambitieux.

Actif	Rentabilité annuelle moyenne	Rentabilité sur 20 ans	Volatilité annuelle	Bêta sur 20 ans
PSP SWISS PROPERTY AG	10,83 %	681,99 %	32,43 %	0,38
ALLREAL HOLDING AG	7,78 %	347,11 %	12,03 %	0,23
SWISS PRIME SITE AG	6,87 %	277,68 %	14,46 %	0,33

Contrairement à son nom

Société foncière lyonnaise, contrairement à ce que son nom suggère, n'est pas du tout investie sur l'immobilier lyonnais. Son patrimoine immobilier est concentré dans les quartiers d'affaires de Paris. Pour l'anecdote historique, il s'agit de la plus ancienne société foncière française (créée en 1879). Elle offre environ 10 % par an, ce qui doit correspondre à l'évolution de l'immobilier de bureaux des meilleurs quartiers de Paris.

Actif	Rentabilité annuelle moyenne	Rentabilité sur 20 ans	Volatilité annuelle	Bêta sur 20 ans
SOCIÉTÉ FONCIÈRE LYONNAISE	9,87 %	557,53 %	20,94 %	0,50

Retour historique

La **Société de la Tour Eiffel** a été fondée par Gustave Eiffel, en 1889, pour la gestion et l'exploitation de la tour Eiffel après l'Exposition universelle française – un lieu touristique visité aujourd'hui par plus de 7 millions de personnes chaque année. Sa mission est de maintenir la modernité du monument et de ses installations, de veiller à la qualité des services et à la sécurité des visiteurs, ainsi qu'à l'animation touristique et culturelle de Paris.

Depuis une trentaine d'années, la société est cotée en Bourse et son parc immobilier s'est agrandi. Cependant, sur les dernières années, son activité n'est quasiment pas rentable. Presque une année sur deux, son année est en perte. En Bourse, cela se traduit par une baisse de presque 3 % par an en moyenne.

Actif	Rentabilité annuelle moyenne	Rentabilité sur 20 ans	Volatilité annuelle	Bêta sur 20 ans
TOUR EIFFEL (SOCIÉTÉ DE LA)	-2,49 %	-39,57 %	34,25 %	0,93

Les classiques

En tant que grandes capitalisations de la Bourse de Paris, **Icade**, **Gecina** et **Klépierre** sont des actions très appréciées par les investisseurs. Leurs trois profils sont assez similaires : une performance aux alentours de 8 % par an, un risque aux alentours de 30 % et une correspondance quasi parfaite avec les cycles économiques.

Actif	Rentabilité annuelle moyenne	Rentabilité sur 20 ans	Volatilité annuelle	Bêta sur 20 ans
ICADE REIT SA	8,90 %	450,65 %	31,79 %	0,99
GECINA SA	8,77 %	437,66 %	30,74 %	1,12
KLÉPIERRE REIT SA	6,05 %	223,71 %	31,92 %	1,06

Deux pépites suédoises ?

Wihlborgs Fastigheter et **Castellum** sont deux sociétés immobilières suédoises leaders dans le secteur de l'immobilier commercial. **Wihlborgs Fastigheter** se concentre sur la région de l'Öresund, offrant une gamme diversifiée de biens immobiliers commerciaux en Suède et au Danemark. **Castellum**, quant à elle, possède un portefeuille de haute qualité, principalement des bureaux et des entrepôts, sur le marché suédois. Les deux ont une bonne performance annuelle, un risque maîtrisé et une bonne résilience.

Actif	Rentabilité annuelle moyenne	Rentabilité sur 20 ans	Volatilité annuelle	Bêta sur 20 ans
WIHLBORGS FASTIGHETER	18,27 %	2 769,61 %	24,99 %	0,60
CASTELLUM	13,62 %	1 186,42 %	24,80 %	0,67

Le portefeuille gagnant avec l'immobilier coté en Europe

Pour viser 15 % en moyenne par an avec l'immobilier coté en Bourse en Europe, et avec un risque minimisé, voici un portefeuille markovien. Il est composé de sept actions.

Actif	Pondération dans le portefeuille	Rentabilité annuelle moyenne	Volatilité annuelle	Bêta
WAREHOUSES DE PAUW NV	25 %	15,56 %	18,75 %	0,31
WIHLBORGS FASTIGHETER	25 %	18,27 %	24,99 %	0,60
CASTELLUM	10 %	13,62 %	24,80 %	0,67
BIG YELLOW GROUP PLC	10 %	15,63 %	28,15 %	0,69
ATRIUM LJUNGBERG B	10 %	14,34 %	30,39 %	0,65
ALLREAL HOLDING AG	10 %	7,78 %	12,03 %	0,23
SWISS PRIME SITE AG	10 %	6,87 %	14,46 %	0,33
Total	100 %	14,28 %	~~21,92 %~~	0,48
	Véritable volatilité annuelle ⇒		13,10 %	
	Économie de risque		40,23 %	

La rentabilité annuelle moyenne de ce portefeuille est de 14,28 % et sa volatilité annuelle, de 13,10 %. Or, théoriquement, sa volatilité devrait être de 21,92 % par an. La diversification markovienne a donc permis de baisser le risque de plus de 40 % !

Ce portefeuille markovien est divisé en deux parties : des performeurs par tranche de 25 % et des stabilisateurs par tranche de 10 %.

- Les performeurs ont été sélectionnés pour leurs fortes performances. Il s'agit de la société belge **Warehouses de Pauw NV** et de la société suédoise **Wihlborgs Fastigheter**.
- Les stabilisateurs, quant à eux, sont issus de divers secteurs immobiliers et de divers pays. Ils s'étendent de l'Europe du Nord à la Suisse en passant par le Royaume-Uni.

L'assemblage de ces deux parties crée un portefeuille ambitieux et diversifié sur le marché immobilier.

Danielle est très contente de ce portefeuille ! Il a tous les atouts pour capitaliser sur l'immobilier coté en Europe. Il est accessible en quelques clics, il est calibré pour les vingt prochaines années et il est entièrement passif. Parfait pour commencer à construire un patrimoine immobilier !

Chapitre 4

Gagner avec l'immobilier coté aux États-Unis

Sofiane a 35 ans et il n'y croit plus… L'âge de départ à la retraite ne fait que reculer en France. Depuis une quinzaine d'années et une succession de réformes, il a reculé de deux mois tous les ans ! À ce rythme, en 2033 il se situera aux alentours de 67 ans, et en 2043 aux alentours de 69 ans.

Sofiane travaille dans la restauration et il n'imagine pas pouvoir tenir jusqu'à ses 70 ans ! C'est pourquoi il préfère investir dès maintenant et s'intéresse de très près à une classe d'actions qui redistribue 90 % de son activité à ses actionnaires. Cette classe d'actions s'appelle les REIT (pour *Real Estate Investment Trusts*) et se trouve aux États-Unis. Dans les grandes lignes, il s'agit de l'immobilier coté en Bourse aux États-Unis.

Dans ce chapitre, je vais donc vous présenter une stratégie d'investissement passive basée sur l'immobilier coté en Bourse aux États-Unis.

Dans la première partie, je retracerai l'origine historique et les mécanismes des REIT dans l'investissement immobilier. Vous verrez le fort lien entre la génération de revenus locatifs et la distribution de dividendes aux actionnaires.

Dans la deuxième partie, je vous présenterai une sélection de 73 REIT. Nous prendrons le temps de décortiquer leur *business model*. Vous découvrirez des sources de revenus à très haut rendement, avec un risque maîtrisé et une bonne indépendance des cycles économiques.

Enfin, je vous proposerai un portefeuille markovien composé des meilleurs REIT. Que vous soyez débutant ou expérimenté, je peux vous assurer que vous rencontrerez des pépites et obtiendrez tous les outils nécessaires pour capter 90 % des revenus locatifs immobiliers américains !

L'histoire passionnante des REIT

En 1960, le gouvernement américain cherchait un moyen pour permettre à un maximum de particuliers d'investir dans l'immobilier. Comme la Bourse était en plein essor à cette époque, les États-Unis ont proposé de créer un investissement immobilier dont la cotation se passerait en Bourse. De cette manière, un Américain pouvait obtenir en quelques clics une part d'appartement. En contrepartie de cette part, il toucherait une part du loyer associé à cet appartement sous forme de dividendes. C'était le début des fiducies de placement immobilier (FPI) – REIT en anglais – et ce fut un énorme succès.

La mécanique des REIT est donc la suivante : d'un côté, le REIT a un bien immobilier physique et un loyer encaissé, et de l'autre, vous encaissez le loyer sous la forme d'un dividende.

Gagnez des revenus locatifs sans soucis

Vous aurez compris que les REIT sont des actions qui permettent aux investisseurs de toucher indirectement un revenu locatif sans avoir à acheter physiquement un bien immobilier. La mécanique est simple, mais il y a quand même quelques règles de base à connaître. Déjà, les REIT sont tenus par la loi américaine de redistribuer au moins 90 % de leurs bénéfices aux actionnaires sous forme de dividendes. Ensuite, les REIT ne sont pas limités à acheter de l'immobilier résidentiel. Un REIT peut détenir des immeubles de bureaux, des centres commerciaux, des hôtels, des entrepôts, des hôpitaux en Californie, à New York ou au Texas. Enfin, comme les REIT sont cotés en Bourse, ils peuvent être achetés ou vendus à n'importe quel moment (comme n'importe quelle action).

In fine, il existe 73 REIT cotés au États-Unis qui ont plus de vingt ans de cotation.

73 actions concernées

Voici la liste des 73 REIT cotés depuis au moins vingt années.

Actif	Rentabilité annuelle moyenne	Rentabilité sur 20 ans	Volatilité annuelle	Bêta sur 20 ans
SBA COMMUNICATIONS CORP.	28,07 %	13 980,91 %	50,44 %	0,55
AMERICAN TOWER CORP.	26,73 %	11 326,53 %	45,18 %	0,60

Actif	Rentabilité annuelle moyenne	Rentabilité sur 20 ans	Volatilité annuelle	Bêta sur 20 ans
EQUINIX INC.	24,32 %	7 675,37 %	57,02 %	0,96
CROWN CASTLE INC.	22,21 %	5 424,44 %	31,92 %	0,78
OMEGA HEALTHCARE INVESTORS INC.	16,13 %	1 889,55 %	30,57 %	0,61
PUBLIC STORAGE	14,71 %	1 455,09 %	21,68 %	0,40
IRON MOUNTAIN INC.	14,48 %	1 394,22 %	26,40 %	0,57
EQUITY LIFESTYLE PROPERTIES INC.	14,18 %	1 318,84 %	19,89 %	0,40
EASTGROUP PROPERTIES INC.	14,13 %	1 305,11 %	21,88 %	0,63
NATIONAL HEALTH INVESTORS INC.	13,41 %	1 137,86 %	24,53 %	0,55
LTC PROPERTIES INC.	12,93 %	1 038,41 %	25,11 %	0,52
MID-AMERICA APARTMENT COMMUNITIES INC.	12,87 %	1025,16 %	22,14 %	0,57
SUN COMMUNITIES INC.	12,78 %	1 008,18 %	26,92 %	0,61
THE GEO GROUP INC.	12,32 %	922,15 %	38,76 %	0,71
RYMAN HOSPITALITY PROPERTIES INC.	12,13 %	886,93 %	43,24 %	1,56
TANGER FACTORY OUTLET CENTERS INC.	11,88 %	844,21 %	33,93 %	0,77
SIMON PROPERTY GROUP INC.	11,85 %	839,88 %	30,63 %	0,97
WELLTOWER INC.	11,71 %	816,50 %	23,80 %	0,64
RAYONIER INC.	11,60 %	798,16 %	24,11 %	0,74
ALEXANDER'S INC.	11,37 %	762,34 %	28,50 %	0,70
ESSEX PROPERTY TRUST INC.	11,33 %	754,80 %	22,30 %	0,57

Actif	Rentabilité annuelle moyenne	Rentabilité sur 20 ans	Volatilité annuelle	Bêta sur 20 ans
PROLOGIS INC.	11,28 %	747,50 %	29,38 %	0,91
REALTY INCOME CORP.	11,15 %	728,73 %	21,63 %	0,49
AVALONBAY COMMUNITIES INC.	11,09 %	718,76 %	23,18 %	0,69
W. P. CAREY INC.	10,56 %	645,19 %	21,75 %	0,56
NNN REIT INC.	10,50 %	636,01 %	23,31 %	0,57
FEDERAL REALTY INVESTMENT TRUST	10,24 %	602,46 %	24,19 %	0,72
VENTAS INC.	10,02 %	575,71 %	31,48 %	0,82
POTLATCHDELTIC CORP.	9,98 %	569,97 %	26,74 %	0,90
CAMDEN PROPERTY TRUST	9,76 %	544,41 %	25,19 %	0,71
EPR PROPERTIES	9,66 %	532,54 %	34,81 %	1,09
ONE LIBERTY PROPERTIES INC.	9,63 %	528,51 %	35,10 %	1,04
EQUITY RESIDENTIAL	9,41 %	504,08 %	22,98 %	0,68
LAMAR ADVERTISING COMPANY	8,83 %	443,52 %	38,12 %	1,55
UDR INC.	8,83 %	442,83 %	24,55 %	0,64
APARTMENT INVESTMENT AND MANAGEMENT COMPANY	8,77 %	437,13 %	33,68 %	0,97
ALEXANDRIA REAL ESTATE EQUITIES INC.	8,75 %	435,30 %	28,07 %	0,73
ACADIA REALTY TRUST	8,18 %	382,26 %	28,82 %	0,97
GETTY REALTY CORP.	7,77 %	346,84 %	25,57 %	0,67
UNIVERSAL HEALTH REALTY INCOME TRUST	7,77 %	346,51 %	24,03 %	0,50

Actif	Rentabilité annuelle moyenne	Rentabilité sur 20 ans	Volatilité annuelle	Bêta sur 20 ans
REGENCY CENTERS CORP.	7,73 %	343,12 %	27,69 %	0,85
UMH PROPERTIES INC.	7,38 %	315,39 %	24,91 %	0,69
BOSTON PROPERTIES INC.	7,20 %	302,04 %	27,08 %	0,85
CORPORATE OFFICE PROPERTIES TRUST	7,19 %	300,64 %	24,30 %	0,71
WEYERHAEUSER COMPANY	7,13 %	296,53 %	29,84 %	1,06
BRT APARTMENTS CORP.	6,82 %	274,49 %	36,86 %	0,74
HOST HOTELS & RESORTS INC.	6,81 %	273,53 %	36,98 %	1,31
SAUL CENTERS INC.	6,63 %	261,30 %	26,86 %	0,75
KILROY REALTY CORP.	6,37 %	243,98 %	26,97 %	0,87
FIRST INDUSTRIAL REALTY TRUST INC.	6,29 %	239,00 %	36,75 %	1,00
GLOBAL SELF STORAGE INC.	6,19 %	232,56 %	18,16 %	0,23
KIMCO REALTY CORP.	6,10 %	226,91 %	35,25 %	1,15
SL GREEN REALTY CORP.	6,03 %	222,26 %	41,32 %	1,36
HIGHWOODS PROPERTIES INC.	5,92 %	215,91 %	25,96 %	0,79
HEALTHPEAK PROPERTIES INC.	5,07 %	168,75 %	27,36 %	0,70
SABRA HEALTH CARE REIT INC.	4,97 %	163,94 %	75,76 %	1,19
EQUITY COMMONWEALTH	4,54 %	143,23 %	27,96 %	0,57

Actif	Rentabilité annuelle moyenne	Rentabilité sur 20 ans	Volatilité annuelle	Bêta sur 20 ans
LXP INDUSTRIAL TRUST	4,11 %	123,99 %	32,14 %	0,84
VORNADO REALTY TRUST	4,00 %	119,07 %	31,75 %	1,02
CENTERSPACE	2,98 %	79,74 %	21,86 %	0,45
THE MACERICH COMPANY	2,78 %	72,91 %	58,99 %	1,58
HEALTHCARE REALTY TRUST INC.	2,53 %	64,89 %	24,46 %	0,60
SITE CENTERS CORP.	1,95 %	47,22 %	44,07 %	1,34
ELME COMMUNITIES	1,70 %	40,04 %	23,39 %	0,71
VERIS RESIDENTIAL INC.	0,82 %	17,81 %	29,89 %	0,96
DIVERSIFIED HEALTHCARE TRUST	0,77 %	16,55 %	45,60 %	0,95
COUSINS PROPERTIES INC.	0,77 %	16,53 %	30,01 %	0,95
SERVICE PROPERTIES TRUST	-0,08 %	-1,60 %	39,47 %	1,28
BRANDYWINE REALTY TRUST	-1,28 %	-22,75 %	44,05 %	1,22
SAFEHOLD INC.	-4,52 %	-60,35 %	55,99 %	1,18
CREATIVE MEDIA & COMMUNITY TRUST CORP.	-5,97 %	-70,81 %	35,02 %	0,43
POWER REIT	-9,15 %	-85,32 %	45,22 %	0,27
PENNSYLVANIA REAL ESTATE INVESTMENT TRUST	-19,84 %	-98,80 %	75,74 %	1,90

Le business des antennes de télécommunication

Parmi les quatre plus fortes performances de ce classement, trois REIT ont le même *business model* : **SBA Communications**, **American Tower** et **Crown Castle**. Ces trois REIT font de la location d'antennes aux opérateurs de télécommunication. Plus précisément, ils sont propriétaires d'antennes (sur des tours) à travers le monde, qu'ils louent à des opérateurs téléphoniques. Ce modèle d'affaires est gagnant-gagnant. Les opérateurs téléphoniques (comme Free ou Orange) n'ont pas à créer d'antennes pour leurs réseaux, ils les louent, et nos trois REIT encaissent des loyers qu'ils redistribuent à leurs actionnaires. Une activité qui rapporte entre 20 % et 30 % en moyenne par an !

Actif	Rentabilité annuelle moyenne	Rentabilité sur 20 ans	Volatilité annuelle	Bêta sur 20 ans
SBA COMMUNICATIONS CORP.	28,07 %	13 980,91 %	50,44 %	0,55
AMERICAN TOWER CORP.	26,73 %	11 326,53 %	45,18 %	0,60
CROWN CASTLE INC.	22,21 %	5 424,44 %	31,92 %	0,78

De l'immobilier dans le rouge foncé !

Pennsylvania Real Estate Investment Trust a perdu presque 20 % par an sur les vingt dernières années. L'immobilier a la réputation, auprès des ménages, d'être un investissement positif et rentable sur le long terme. Malheureusement, lorsque certains projets sont mal positionnés, trop endettés et mal gérés, alors ils deviennent un puits de pertes sans fond. **Pennsylvania Real Estate Investment Trust** est une société immobilière basée aux États-Unis, propriétaire et gestionnaire de centres commerciaux et de bureaux, qui doit rembourser 1,47 milliard de dollars de dettes par année. Cela représente quatre fois plus que ses revenus. Prise au piège des intérêts, elle perd 20 % par an.

Actif	Rentabilité annuelle moyenne	Rentabilité sur 20 ans	Volatilité annuelle	Bêta sur 20 ans
PENNSYLVANIA REAL ESTATE INVESTMENT TRUST	-19,84 %	-98,80 %	75,74 %	1,90

Un secteur non cyclique inconnu

Global Self Storage et **Public Storage** ont une activité très particulière de location : celle de garde-meubles. Cela consiste à louer des espaces de stockage aux particuliers, utiles en cas de manque de place ou de déménagement, par exemple.

Or, ces deux sociétés ont un bêta extrêmement faible (entre 0,20 et 0,40). La location d'espaces de stockage aux particuliers serait-elle un secteur non cyclique ? Statistiquement, oui ! Potentiellement, les contrats de location à long terme avec les particuliers offrent une certaine stabilité de revenus, même en période de récession.

Actif	Rentabilité annuelle moyenne	Rentabilité sur 20 ans	Volatilité annuelle	Bêta sur 20 ans
GLOBAL SELF STORAGE INC.	6,19 %	232,56 %	18,16 %	0,23
PUBLIC STORAGE	14,71 %	1 455,09 %	21,68 %	0,40

L'hébergement informatique

Equinix a un modèle d'affaires quasi unique en son genre : la location d'infrastructures informatiques. Fondée en 1998, cette société loue des espaces où les clients peuvent installer leurs serveurs, équipements réseau et autres infrastructures informatiques dans un environnement sécurisé. Elle loue aussi des clouds, les espaces virtuels. En échange des loyers encaissés, **Equinix** verse un dividende. C'est une activité qui rapporte en moyenne 25 % par an.

Actif	Rentabilité annuelle moyenne	Rentabilité sur 20 ans	Volatilité annuelle	Bêta sur 20 ans
EQUINIX INC.	24,32 %	7 675,37 %	57,02 %	0,96

Une activité qui rapporte !

Iron Mountain est une société d'archivage. Elle gère le stockage de documents et d'informations. En échange de ses services de conservation et de gestion des données physiques ou numériques pour les entreprises et les organisations gouvernementales, elle reçoit un loyer. Le cumul de tous les loyers représente 6 milliards de dollars par an.

Ces milliards sont utilisés pour acheter de nouveaux lieux de stockage et, après les charges, il reste des centaines de millions de dollars à répartir entre les actionnaires. En somme, l'activité d'archivage rapporte presque 15 % par an en moyenne depuis vingt ans.

Actif	Rentabilité annuelle moyenne	Rentabilité sur 20 ans	Volatilité annuelle	Bêta sur 20 ans
IRON MOUNTAIN INC.	14,48 %	1 394,22 %	26,40 %	0,57

La classique

Realty Income est une société très appréciée en France car c'est une des seules sociétés au monde à verser un dividende, non pas annuel, non pas trimestriel, mais bien mensuel. Tous les mois, elle offre un dividende exactement comme elle offrirait un loyer. Aussi, ses statistiques sont très équilibrées.

Actif	Rentabilité annuelle moyenne	Rentabilité sur 20 ans	Volatilité annuelle	Bêta sur 20 ans
REALTY INCOME CORP.	11,15 %	728,73 %	21,63 %	0,49

Le portefeuille gagnant avec l'immobilier coté aux États-Unis

Pour viser 15 % en moyenne par an avec l'immobilier coté en Bourse aux États-Unis et avec un risque minimisé, voici un portefeuille markovien. Il est composé de dix REIT à hauteur de 10 % chacun.

Actif	Pondération dans le portefeuille	Rentabilité annuelle moyenne	Volatilité annuelle	Bêta sur 20 ans
GLOBAL SELF STORAGE INC.	10 %	6,19 %	18,16 %	0,23

Actif	Pondération dans le portefeuille	Rentabilité annuelle moyenne	Volatilité annuelle	Bêta sur 20 ans
PUBLIC STORAGE	10 %	14,71 %	21,68 %	0,40
EQUITY LIFESTYLE PROPERTIES INC.	10 %	14,18 %	19,89 %	0,40
CROWN CASTLE INC.	10 %	22,21 %	31,92 %	0,78
AMERICAN TOWER CORP.	10 %	26,73 %	45,18 %	0,60
SBA COMMUNICATIONS CORP.	10 %	28,07 %	50,44 %	0,55
MID-AMERICA APARTMENT COMMUNITIES INC.	10 %	12,87 %	22,14 %	0,57
EASTGROUP PROPERTIES INC.	10 %	14,13 %	21,88 %	0,63
REALTY INCOME CORP.	10 %	11,15 %	21,63 %	0,49
W. P. CAREY INC.	10 %	10,56 %	21,75 %	0,56
Total	100 %	16,08 %	~~27,47 %~~	0,52
	Véritable volatilité annuelle ⇒		14,51 %	
	Économie de risque		47,19 %	

La rentabilité annuelle moyenne de ce portefeuille est de 16,08 % et sa volatilité annuelle, de 14,51 %. Or, théoriquement, sa volatilité devrait être de 27,47 % par an. La diversification markovienne a donc permis de baisser le risque de plus de 47 % !

Ce portefeuille markovien est extrêmement original ! Il est composé de trois blocs qui tirent profit de divers modèles d'immobilier locatif :

- avec **Realty Income**, le portefeuille tire profit de l'investissement immobilier résidentiel ;
- avec **Global Self Storage** et **Public Storage**, il tire profit de l'investissement immobilier de stockage en libre-service ;
- avec **Crown Castle**, **American Tower** et **SBA Communications**, il tire profit de l'investissement immobilier de télécommunications.

Avec cette stratégie, le portefeuille multiplie les sources de loyers et se couvre contre de potentiels ralentissements dans un secteur spécifique. Par exemple, si la demande dans le secteur résidentiel baisse, alors elle sera peut-être compensée par une demande accrue dans le secteur du stockage en libre-service ou celui des télécommunications.

Sofiane est ravi ! Il capitalise ainsi sur trois formes de location et a tous les atouts pour obtenir des revenus locatifs solides, réguliers et prédictibles dans le temps. C'est le portefeuille parfait pour s'exposer à l'immobilier américain sur les vingt prochaines années.

Chapitre 5

Gagner avec Warren Buffett

Inspiré par l'incroyable prospérité de Warren Buffett, Thomas souhaite mettre à profit les enseignements du maître. Il garde en tête que Warren Buffett a été, en 2007, l'homme le plus riche du monde selon le magazine *Forbes*. Rien qu'avec ses investissements, son patrimoine était estimé à plus de 62 milliards de dollars, soit davantage que celui de Bill Gates !

Selon Thomas, cet exploit ne repose pas seulement sur la chance, il repose sur une stratégie d'investissement solide et une vision à long terme. Comme Thomas a quelques milliers d'euros de côté, il souhaite mettre en place une stratégie passive et prospère basée sur les principes de cet investisseur de légende.

Dans ce chapitre, nous explorerons donc une stratégie d'investissement passive en sélectionnant des sociétés à la manière de Warren Buffett.

Dans la première partie, vous découvrirez le parcours de Warren Buffett et son goût pour les sociétés possédant un avantage compétitif, mais aussi l'histoire de la société de gestion qu'il a fondée : Berkshire Hathaway.

Dans la deuxième partie, je vous donnerai la liste des actions actuellement sélectionnées par Warren Buffett. Chaque année, à travers le rapport de sa société de gestion, il identifie une trentaine d'entreprises bénéficiant d'un avantage compétitif durable. Nous les examinerons en détail et nous analyserons les caractéristiques qui les distinguent.

Dans la troisième partie, je vous proposerai le portefeuille markovien de Warren Buffett : un portefeuille alliant des sociétés avec un avantage compétitif et une diversification optimale markovienne, le meilleur des deux mondes !

Suivez les traces de la légende

Warren Buffett est né le 30 août 1930 à Omaha, dans le Nebraska, aux États-Unis. Dès son plus jeune âge, il s'intéresse à la finance et notamment à l'investissement. Par exemple, il achète sa première action à l'âge de 11 ans. Plus tard, il déclare avoir lu chaque livre sur l'investissement disponible à la bibliothèque publique de sa ville durant son enfance.

Au cours de ses études universitaires, Warren Buffett suit à l'université Columbia les cours de Benjamin Graham, considéré comme le père de l'investissement en valeur. C'est à ce moment-là que Warren Buffett conceptualise son approche : rechercher des sociétés avec un avantage compétitif et sous-évaluées, qu'il appelle des « sociétés exceptionnelles à un prix raisonnable ».

Avec cette approche, il accumule une immense richesse au fil des décennies et des investissements. De **Coca-Cola** à **American Express** en passant par **Wells Fargo** et bien d'autres, il génère d'énormes bénéfices. Aujourd'hui, il est considéré comme l'un des investisseurs les plus brillants de tous les temps et son approche a influencé des générations d'investisseurs du monde entier. Mieux encore : son portefeuille d'investissement est public ! Comme il investit à travers sa société de gestion, Berkshire Hathaway, tout le monde peut voir ses investissements à tout moment.

De Berkshire Hathaway à la fortune

L'histoire de Berkshire Hathaway est fascinante. À l'origine (1839), Berkshire Hathaway était une fabrique de coton. En 1965, Warren Buffett a été surpris d'apprendre que cette société était en difficulté et que ses actions se vendaient à bas prix. Achat après achat, il en a finalement pris le contrôle. Les années passant, il a transformé Berkshire Hathaway en une société de holding en utilisant ses bénéfices pour acquérir des participations dans diverses sociétés, notamment les assurances (**Geico**), les chemins de fer (**Burlington Northern Santa Fe**), l'énergie (**MidAmerican Energy Holdings Company**), les biens de consommation (**Kraft Heinz**, **Dairy Queen**), les services financiers (**Wells Fargo**, **American Express**) et bien d'autres. Sous la direction de Warren Buffett, Berkshire Hathaway est devenue l'une des sociétés les plus prospères et les plus respectées au monde.

Aujourd'hui, c'est une entreprise gigantesque avec des participations dans de nombreuses grandes sociétés. Et, c'est le plus important, cette liste de participation est publique. L'ensemble de ses investissements est dévoilé au public chaque année à travers la lettre d'investissement de Berkshire Hathaway. Nous allons donc décrypter cette liste ; au total, il y a actuellement 27 actions avec plus de vingt années de cotation dans le portefeuille de Berkshire Hathaway.

27 actions concernées

Voici la liste des 27 actions, actuellement dans le portefeuille de Berkshire Hathaway, qui ont plus de vingt ans de cotation.

Actif	Rentabilité annuelle moyenne	Rentabilité sur 20 ans	Volatilité annuelle	Bêta sur 20 ans
AMAZON.COM INC.	28,69 %	15 423,95 %	37,47 %	0,78
VERISIGN INC.	19,52 %	3 437,56 %	33,90 %	0,88
NVR INC.	16,31 %	1 953,21 %	27,27 %	0,72
MCKESSON CORP.	15,47 %	1 675,19 %	24,94 %	0,57
AON PLC	15,23 %	1 602,41 %	22,40 %	0,55
MOODY'S CORP.	14,92 %	1 512,63 %	28,83 %	0,90
DAVITA HEALTHCARE	13,87 %	1 242,79 %	26,36 %	0,61
AMERICAN EXPRESS	11,83 %	835,56 %	31,91 %	1,16
GLOBE LIFE INC.	11,46 %	775,54 %	23,78 %	0,81
CHEVRON CORP.	11,26 %	745,08 %	23,37 %	0,70
KROGER CO. (THE)	11,16 %	729,22 %	23,53 %	0,37
HP INC.	10,46 %	631,24 %	29,78 %	0,96
MARSH & MCLENNAN	10,22 %	600,34 %	21,09 %	0,59
LENNAR CORP.	10,10 %	584,95 %	36,88 %	1,02
OCCIDENTAL PETROLEUM	10,09 %	583,37 %	39,16 %	1,09
MARKEL GROUP INC.	9,86 %	555,85 %	18,12 %	0,46
DIAGEO PLC	9,58 %	523,32 %	15,27 %	0,32
PROCTER & GAMBLE	9,01 %	461,33 %	15,32 %	0,26
JEFFERIES FINANCIAL GROUP	8,51 %	411,69 %	32,38 %	1,21
JOHNSON & JOHNSON	8,16 %	380,08 %	14,58 %	0,35

Actif	Rentabilité annuelle moyenne	Rentabilité sur 20 ans	Volatilité annuelle	Bêta sur 20 ans
CAPITAL ONE FINANCIAL	8,08 %	372,80 %	35,80 %	1,13
MONDELEZ INTERNATIONAL	7,98 %	364,70 %	18,46 %	0,52
SIRIUS XM HOLDINGS INC.	7,90 %	357,13 %	61,41 %	0,97
THE COCA-COLA COMPANY	7,45 %	320,92 %	15,95 %	0,38
UNITED PARCEL SERVICE	7,03 %	289,29 %	22,80 %	0,57
BANK OF AMERICA CORP.	2,82 %	74,42 %	39,31 %	1,19
CITIGROUP INC.	-5,39 %	-66,99 %	41,85 %	1,54

Une autre légende dans le top

En commençant comme une librairie en ligne, la société de Jeff Bezos n'envisageait probablement pas de devenir une des quatre plus grandes sociétés technologiques au monde. Aujourd'hui, **Amazon.com** est la société la plus performante de cette liste. En moyenne, elle a gagné presque 30 % par an. Dit autrement, en ayant investi 1 000 $ en 2002, vous auriez plus de 150 000 $ aujourd'hui.

Actif	Rentabilité annuelle moyenne	Rentabilité sur 20 ans	Volatilité annuelle	Bêta sur 20 ans
AMAZON.COM INC.	28,69 %	15 423,95 %	37,47 %	0,78

Et des questions dans le flop !

Une partie des champions de Warren Buffett est exposée au secteur de la finance : **American Express Company**, **Jefferies Financial Group**, **Capital One Financial**, **Bank of America** et **Citigroup**. Or, statistiquement, l'ensemble de ces sociétés n'importe pas grand-chose. Elles sont toutes hypercycliques, assez risquées et quelquefois non rentables sur le long terme. Choix assez étrange de la part de Warren Buffett !

Actif	Rentabilité annuelle moyenne	Rentabilité sur 20 ans	Volatilité annuelle	Bêta sur 20 ans
AMERICAN EXPRESS COMPANY	11,83 %	835,56 %	31,91 %	1,16
JEFFERIES FINANCIAL GROUP	8,51 %	411,69 %	32,38 %	1,21
CAPITAL ONE FINANCIAL CORP.	8,08 %	372,80 %	35,80 %	1,13
BANK OF AMERICA CORP.	2,82 %	74,42 %	39,31 %	1,19
CITIGROUP INC.	-5,39 %	-66,99 %	41,85 %	1,54

Les portefeuilles de marques : toujours résilients

Dans cette liste, nous retrouvons quatre sociétés de portefeuille de marques !

- Smirnoff, Captain Morgan ou encore Guinness appartiennent à **Diageo**.
- Pampers, Gillette ou encore Lenor appartiennent à **Procter & Gamble**.

- Nicorette, Neutrogena ou encore Le Petit Marseillais appartiennent à **Johnson & Johnson**.
- Oreo, Cadbury ou encore Toblerone appartiennent à **Mondelez International**.

Comme la plupart des sociétés de portefeuille de marques, ces quatre champions ont un bêta extrêmement bas (entre 0,25 et 0,50). Posséder ce quatuor de sociétés, c'est indirectement posséder des dizaines, voire des centaines de marques partout à travers le monde.

Actif	Rentabilité annuelle moyenne	Rentabilité sur 20 ans	Volatilité annuelle	Bêta sur 20 ans
DIAGEO PLC	9,58 %	523,32 %	15,27 %	0,32
PROCTER & GAMBLE COMPANY	9,01 %	461,33 %	15,32 %	0,26
JOHNSON & JOHNSON	8,16 %	380,08 %	14,58 %	0,35
MONDELEZ INTERNATIONAL	7,98 %	364,70 %	18,46 %	0,52

Un exemple parfait d'avantage concurrentiel

Verisign est une société américaine qui a une activité quasi unique au monde. Fondée en 1995, elle joue un rôle essentiel dans le bon fonctionnement d'Internet. **Verisign** gère les registres dans les noms de domaines en « .com » et « .net ». C'est précisément le type de société qui peut plaire à Warren Buffett : une société qui assure une activité critique sur Internet et qui est donc indispensable (d'autant que cette activité rapporte presque 20 % par an en moyenne pour un risque maîtrisé).

Actif	Rentabilité annuelle moyenne	Rentabilité sur 20 ans	Volatilité annuelle	Bêta sur 20 ans
VERISIGN INC.	19,52 %	3 437,56 %	33,90 %	0,88

Un autre exemple d'avantage concurrentiel

United Parcel Service, abrégé sous le nom d'**UPS**, est une société américaine de services de logistique mondialement connue. Depuis 1919, **UPS** étend son réseau et affine son expertise en gestion de la chaîne d'approvisionnement. Aujourd'hui, cette société a un avantage concurrentiel incroyable en termes d'efficacité et de portée mondiale.

Actif	Rentabilité annuelle moyenne	Rentabilité sur 20 ans	Volatilité annuelle	Bêta sur 20 ans
UNITED PARCEL SERVICE	7,03 %	289,29 %	22,80 %	0,57

Le milliard de dollars !

En 1988, Warren Buffett a commencé à acheter des actions de **The Coca-Cola Company**. Et pendant plus de trente ans, il a continué à accumuler des actions. Aujourd'hui, son stock d'actions lui rapporte près d'un milliard de dollars par an en dividendes ! Et c'est sans compter sa performance depuis vingt ans.

Actif	Rentabilité annuelle moyenne	Rentabilité sur 20 ans	Volatilité annuelle	Bêta sur 20 ans
THE COCA-COLA COMPANY	7,45 %	320,92 %	15,95 %	0,38

Le portefeuille gagnant avec Warren Buffett

Après avoir étudié la sélection des actions de Berkshire Hathaway, la société de gestion de Warren Buffett, avec plus de vingt années de cotation, voici un portefeuille markovien pour viser 15 % en moyenne par an avec le minimum de risque et la philosophie de l'investisseur de légende. Il est composé de dix actions.

Actif	Pondération dans le portefeuille	Rentabilité annuelle	Volatilité annuelle	Bêta
AMAZON.COM	12 %	28,69 %	37,47 %	0,78
MCKESSON CORP.	12 %	15,47 %	24,94 %	0,57
DIAGEO PLC	12 %	9,58 %	15,27 %	0,32
AON PLC	12 %	15,23 %	22,40 %	0,55
PROCTER & GAMBLE	12 %	9,01 %	15,32 %	0,26
NVR INC.	12 %	16,31 %	27,27 %	0,72
JOHNSON & JOHNSON	10 %	8,16 %	14,58 %	0,35
VERISIGN INC.	10 %	19,52 %	33,90 %	0,88
MARKEL GROUP INC.	5 %	9,86 %	18,12 %	0,46
THE COCA-COLA COMPANY	3 %	7,45 %	15,95 %	0,38
Total	100 %	14,80 %	~~23,35 %~~	0,54
	Véritable volatilité annuelle ⇒		12,64 %	
	Économie de risque		45,88 %	

La rentabilité annuelle moyenne de ce portefeuille est de 14,80 % et sa volatilité annuelle, de 12,64 %. Or, théoriquement, sa volatilité devrait être de 23,35 % par an. La diversification markovienne a donc permis de baisser le risque de plus de 45 % !

Sur la base des principes de Warren Buffett, ce portefeuille cumule au moins trois avantages !

- Il n'est composé que de sociétés possédant une grande renommée et un avantage compétitif. Par exemple, **Verisign** est un incontournable dans l'industrie de la création et du renouvellement des noms de domaines. Autre exemple, **The Coca-Cola Company** est une marque forte, bien établie et reconnue par les investisseurs pour générer des rendements solides sur le long terme.
- Aussi, la composition de ce portefeuille va du secteur de la technologie (**Amazon.com**) au secteur des biens de consommation en passant par des portefeuilles de marques (**Diageo PLC**, **Procter & Gamble Company**, **Johnson & Johnson**). L'ensemble crée des jeux de compensation en mutualisant les risques de différents secteurs.
- Enfin, ce portefeuille évite le secteur de la finance et le secteur pétrolier qui sont, sans aucun doute, trop cycliques et trop risqués pour une efficacité à long terme.

Thomas est totalement séduit par ce portefeuille. Il n'a que des sociétés solides, avec un risque réparti stratégiquement et aucune valeur cyclique. Avec cette allocation, il met toutes les chances de son côté pour générer des rendements solides sur le long terme à la manière de son modèle.

Chapitre 6

Gagner avec les sociétés en oligopole

Recalibrant les cases de son fichier Excel, Lionel effectue un calcul simple : s'il investit 10 000 € aujourd'hui à 10 %, alors il aura 11 000 € l'année prochaine. Au bout de dix ans, il aura 25 600 €. Au bout de vingt ans, il aura 67 300 €. Et au bout de quarante ans, il aura 452 600 €. Lionel a donc tout intérêt à commencer à investir 10 000 € dès aujourd'hui, d'autant qu'il a seulement 26 ans !

Mais sur quoi peut-il investir pour mettre toutes les chances de son côté et atteindre 400 000 € en quarante années ? Lionel choisit d'investir sur des sociétés en situation d'oligopole. Pourquoi ? Parce qu'elles offrent souvent des perspectives de rendement intéressantes. Comme ces sociétés sont en position dominante sur leur marché, elles sont en position de force. En économie, on parle même de rente oligopolistique.

Dans ce chapitre, nous étudierons une stratégie d'investissement passive basée sur les actions des sociétés en situation d'oligopole.

Dans la première partie, je vous exposerai les avantages d'investir dans des sociétés en situation d'oligopole. Nous parlerons de marges bénéficiaires élevées, de barrières à l'entrée (qui limitent la concurrence), de revenus stables et de résilience face aux cycles économiques.

Dans la deuxième partie, je vous présenterai une soixantaine de sociétés cotées en Bourse bénéficiant d'une position dominante. Nous les examinerons en passant en revue leurs statistiques boursières sur les vingt dernières années et leurs modèles économiques.

Enfin, je vous proposerai un portefeuille markovien composé exclusivement de sociétés en situation d'oligopole. Ce portefeuille sera parfaitement diversifié et exposé aux multiples opportunités de rendement offertes par les industries oligopolistiques.

Profitez des avantages de l'oligopole

Une société en situation d'oligopole est une société quasiment seule sur son marché. Face à elle, il y aura seulement trois ou quatre concurrents. Cette société aura par définition une très large portion des parts de son marché. Une situation qui entraîne plusieurs avantages pour elle :

- comme elle est presque seule sur son marché, elle a un pouvoir sur ses clients. Elle peut les surfacturer légèrement dans la mesure où ils n'ont pas le luxe d'avoir une autre offre concurrente ;
- généralement, parce qu'il faut investir massivement, parce qu'il faut avoir un savoir-faire particulier ou parce qu'il faut des autorisations légales, une situation d'oligopole est une situation fermée. De nouvelles sociétés ne peuvent pas entrer sur ce marché, renforçant de ce fait les positions dominantes des sociétés déjà installées ;
- du fait d'une compétition quasi inexistante, la société a de grandes probabilités de maintenir ses marges quelles que soient les conditions économiques.

L'ensemble de ces avantages génère trois bienfaits : rentabilité, stabilité et indépendance. Au final, il existe 61 sociétés en situation d'oligopole cotées depuis plus de vingt ans.

61 actions concernées

Voici la liste des 61 sociétés en situation d'oligopole cotées depuis plus de vingt années.

Actif	Rentabilité annuelle moyenne	Rentabilité sur 20 ans	Volatilité annuelle	Bêta sur 20 ans
MONSTER BEVERAGE CORP.	39,97 %	83 216,86 %	41,84 %	0,58
NETFLIX, INC.	37,17 %	55 511,77 %	56,15 %	0,76
SARTORIUS AG	34,34 %	36 578,06 %	37,04 %	0,74
NOVO NORDISK A/S	23,83 %	7 086,50 %	21,04 %	0,34
ASML HOLDING NV	25,19 %	8 838,83 %	34,02 %	1,22
SARTORIUS STEDIM BIOTECH	24,18 %	7 507,31 %	35,39 %	0,52
RELIANCE INDUSTRIES LTD.	23,99 %	7 272,95 %	30,11 %	0,69
TSM	20,81 %	4 289,11 %	28,69 %	0,85
ADOBE INC.	20,23 %	3 880,56 %	31,24 %	1,00
HONG KONG EXCHANGES LTD.	20,18 %	3 849,96 %	39,12 %	0,82
LONDON STOCK EXCHANGE PLC	19,31 %	3 314,16 %	30,10 %	0,66
BLACKROCK INC.	17,50 %	2 415,95 %	28,27 %	0,91
RESMED INC.	17,46 %	2 398,97 %	26,60 %	0,53
CADENCE DESIGN SYSTEMS INC.	17,45 %	2 393,30 %	31,91 %	0,99

Actif	Rentabilité annuelle moyenne	Rentabilité sur 20 ans	Volatilité annuelle	Bêta sur 20 ans
MICROSOFT CORP.	17,31 %	2 337,62 %	22,95 %	0,63
DASSAULT SYSTÈMES SE	17,70 %	2 504,45 %	25,72 %	0,82
FACTSET RESEARCH SYSTEMS INC.	17,40 %	2 372,19 %	25,23 %	0,63
SYNOPSYS INC.	17,23 %	2 301,38 %	27,09 %	0,66
CANADIAN NATIONAL RAILWAY	17,05 %	2 230,59 %	21,57 %	0,73
UNITEDHEALTH GROUP INC.	16,75 %	2 113,25 %	23,58 %	0,48
LINDE PLC	16,49 %	2 015,97 %	18,44 %	0,65
SAFRAN	16,23 %	1 924,71 %	29,61 %	1,13
SINGAPORE EXCHANGE LTD.	16,08 %	1 872,69 %	24,47 %	0,54
HANNOVER RE	15,99 %	1 842,33 %	23,90 %	0,71
NASDAQ INC.	15,94 %	1 827,33 %	33,12 %	0,55
AIRBUS SE	14,83 %	1 489,98 %	34,60 %	1,37
S&P GLOBAL INC.	15,19 %	1 590,97 %	25,28 %	0,78
MOODY'S CORP.	14,92 %	1 512,63 %	28,83 %	0,90
FISHER & PAYKEL HEALTHCARE CORP.	14,88 %	1 503,48 %	25,04 %	0,17
FRESENIUS SE & CO. KGAA	13,84 %	1 237,14 %	28,08 %	0,77
WASTE MANAGEMENT INC.	13,72 %	1 208,02 %	17,85 %	0,50
AUTOMATIC DATA PROCESSING INC.	13,39 %	1 134,51 %	19,50 %	0,63
BHP GROUP LTD.	12,97 %	1 045,39 %	31,96 %	0,87
ESTÉE LAUDER	12,60 %	972,90 %	26,81 %	0,68
THOMSON REUTERS CORP.	12,34 %	925,47 %	19,41 %	0,61
AIR LIQUIDE	12,32 %	921,19 %	16,66 %	0,65
DEMANT A/S	12,06 %	874,30 %	27,81 %	0,72

Actif	Rentabilité annuelle moyenne	Rentabilité sur 20 ans	Volatilité annuelle	Bêta sur 20 ans
AIR PRODUCTS & CHEMICALS INC.	11,34 %	757,48 %	21,70 %	0,72
WALT DISNEY COMPANY (THE)	11,17 %	731,94 %	25,83 %	0,94
MUNICH RE	11,09 %	719,78 %	27,53 %	0,94
PAYCHEX INC.	11,08 %	718,41 %	21,76 %	0,70
DEUTSCHE BÖRSE AG	11,17 %	732,03 %	27,97 %	0,81
L'ORÉAL	10,56 %	644,52 %	18,41 %	0,70
BOEING	10,31 %	612,03 %	32,83 %	1,19
PEPSICO INC.	10,11 %	586,60 %	14,92 %	0,38
DIAGEO PLC	9,58 %	523,32 %	15,27 %	0,32
NATIONAL GRID PLC	9,39 %	502,07 %	16,48 %	0,19
FRESENIUS MEDICAL CARE AG	9,27 %	489,05 %	25,98 %	0,53
DEUTSCHE TELEKOM AG	9,21 %	482,34 %	20,93 %	0,63
K+S AG	8,24 %	387,44 %	38,25 %	0,80
ORANGE	8,01 %	366,93 %	28,68 %	0,61
THE COCA-COLA COMPANY	7,45 %	320,92 %	15,95 %	0,38
DHL GROUP	7,37 %	314,49 %	27,01 %	1,05
ANGLO AMERICAN PLC	6,81 %	273,69 %	39,52 %	0,90
SMITH & NEPHEW PLC	6,55 %	255,73 %	22,76 %	0,31
FRAPORT AG	6,17 %	231,42 %	30,32 %	1,05
VEOLIA ENVIRONNEMENT	5,94 %	217,21 %	30,53 %	1,18
SWISS RE LTD.	5,98 %	219,80 %	30,57 %	1,13
SWISSCOM AG	5,38 %	185,11 %	13,25 %	0,21
STATE STREET CORP.	5,14 %	172,37 %	31,12 %	1,08
SCOR SE	3,29 %	90,90 %	30,95 %	0,93

Un monstre de performance

Première de ce classement, **Monster Beverage** frappe très fort. Sur les vingt dernières années, la société a offert presque 40 % de performance par an ! Rien qu'avec 1 000 $ d'investissement en 2002, vous seriez millionnaire aujourd'hui. Fondée en 1935, **Monster Beverage** est devenue l'une des marques les plus renommées dans le secteur des boissons énergisantes.

Actif	Rentabilité annuelle moyenne	Rentabilité sur 20 ans	Volatilité annuelle	Bêta sur 20 ans
MONSTER BEVERAGE CORP.	39,97 %	83 216,86 %	41,84 %	0,58

L'aéronautique : très cyclique

Safran, **Airbus** et **Boeing** font partie des sociétés les plus cycliques de cette liste (avec un bêta entre 1,13 et 1,37). Les trois appartiennent au secteur de l'aéronautique, qui est connu pour être fortement influencé par les cycles économiques. En fait, le coût d'un avion est tellement important que tout le secteur devient frileux lorsque l'horizon économique s'assombrit. En cas de récession, c'est même tous les projets et toutes les commandes qui sont mis à l'arrêt.

Actif	Rentabilité annuelle moyenne	Rentabilité sur 20 ans	Volatilité annuelle	Bêta sur 20 ans
SAFRAN	16,23 %	1 924,71 %	29,61 %	1,13
AIRBUS SE	14,83 %	1 489,98 %	34,60 %	1,37
BOEING	10,31 %	612,03 %	32,83 %	1,19

Le monopole par excellence

Depuis les années 1920, il y a une activité presque exclusivement en monopole dans tous les pays : le transport ferroviaire. **Canadian National Railway Company** est la société de transport ferroviaire canadienne qui possède et exploite l'un des plus importants réseaux ferroviaires en Amérique du Nord. Son réseau relie les ports sur l'océan Atlantique, le golfe du Mexique et l'océan Pacifique. Elle est cotée en Bourse et a offert plus de 15 % par an depuis vingt ans.

Actif	Rentabilité annuelle moyenne	Rentabilité sur 20 ans	Volatilité annuelle	Bêta sur 20 ans
CANADIAN NATIONAL RAILWAY COMPANY	17,05 %	2230,59 %	21,57 %	0,73

Les places boursières en monopole

Il existe une autre activité qui est généralement en oligopole : les places boursières. Pour acheter des actions, il faut une place boursière. Et chaque pays s'est doté d'une société privée pour gérer cette place. Au Royaume-Uni, il s'agit de **London Stock Exchange Group**. Aux États-Unis, de **Nasdaq**. À Hong Kong, de **Hong Kong Exchanges and Clearing**. À Singapour, de **Singapore Exchange**. En Allemagne, de **Deutsche Börse**. Toutes ces sociétés sont en situation de monopole : il y a rarement deux places boursières dans un pays. Et pour boucler la boucle, elles sont souvent elles-mêmes cotées sur leur propre Bourse.

En France, la place boursière est gérée par **Euronext**, mais elle n'a pas vingt années de cotation.

Actif	Rentabilité annuelle moyenne	Rentabilité sur 20 ans	Volatilité annuelle	Bêta sur 20 ans
HONG KONG EXCHANGES LTD.	20,18 %	3849,96 %	39,12 %	0,82
LONDON STOCK EXCHANGE PLC	19,31 %	3314,16 %	30,10 %	0,66
SINGAPORE EXCHANGE LTD.	16,08 %	1872,69 %	24,47 %	0,54
NASDAQ INC.	15,94 %	1827,33 %	33,12 %	0,55
DEUTSCHE BÖRSE AG	11,17 %	732,03 %	27,97 %	0,81

Double avantage

Les sociétés de télécommunication sont souvent en situation d'oligopole. Généralement, il y a deux ou trois grands opérateurs dans un pays. En Allemagne, on trouve **Deutsche Telekom**. En France, **Orange**. En Suisse, **Swisscom**, et cette dernière a un autre avantage en plus de sa situation oligopolistique : elle est cotée en francs suisses. **Swisscom** est donc en situation de force mais est aussi une valeur refuge (bêta de 0,21).

Actif	Rentabilité annuelle moyenne	Rentabilité sur 20 ans	Volatilité annuelle	Bêta sur 20 ans
DEUTSCHE TELEKOM AG	9,21 %	482,34 %	20,93 %	0,63
ORANGE	8,01 %	366,93 %	28,68 %	0,61
SWISSCOM AG	5,38 %	185,11 %	13,25 %	0,21

L'incontournable Française

Fondée en 1909, **L'Oréal** est devenue l'une des marques les plus influentes dans l'industrie de la beauté. Il est difficile de trouver un véritable concurrent à cette géante française. On pourrait penser à **Procter & Gamble** ou **Unilever** vus dans d'autres listes, mais leur prestige n'est pas du tout le même. Depuis plus de vingt ans, **L'Oréal** se construit une image associée au haut de gamme. Par exemple, chaque année, la société décerne le prix « For Women in Science » et participe à la Paris Fashion Week. Ce positionnement entre la recherche et la mode est hyperstratégique.

Sur les vingt dernières années, **L'Oréal** a offert plus de 10 % par an avec un risque très maîtrisé et une quasi-indépendance des cycles économiques.

Actif	Rentabilité annuelle moyenne	Rentabilité sur 20 ans	Volatilité annuelle	Bêta sur 20 ans
L'ORÉAL	10,56 %	644,52 %	18,41 %	0,70

Air Liquide contre Linde PLC

Air Liquide et **Linde PLC** appartiennent au même oligopole. Ces deux sociétés sont des actrices majeures dans le domaine des gaz industriels et des technologies de l'air. L'une vient de France et l'autre du Royaume-Uni, mais leurs statistiques sont extrêmement proches.

Actif	Rentabilité annuelle moyenne	Rentabilité sur 20 ans	Volatilité annuelle	Bêta sur 20 ans
LINDE PLC	16,49 %	2 015,97 %	18,44 %	0,65
AIR LIQUIDE	12,32 %	921,19 %	16,66 %	0,65

Pepsi contre Coca

Sur vingt ans, **PepsiCo** a une performance légèrement meilleure que son concurrent direct, **Coca-Cola**. Effectivement, le premier a offert environ 10 % par an, contre 7 % par an pour la marque au logo rouge.

Actif	Rentabilité annuelle moyenne	Rentabilité sur 20 ans	Volatilité annuelle	Bêta sur 20 ans
PEPSICO INC.	10,11 %	586,60 %	14,92 %	0,38
THE COCA-COLA COMPANY	7,45 %	320,92 %	15,95 %	0,38

Le portefeuille gagnant avec les sociétés en oligopole

Voici un portefeuille markovien pour viser 15 % en moyenne par an avec le minimum de risque, composé de sociétés en situation d'oligopole. Il contient dix sociétés à hauteur de 10 % chacune.

Actif	Pondération dans le portefeuille	Rentabilité annuelle moyenne	Volatilité annuelle	Bêta
PEPSICO INC.	10 %	10,11 %	14,92 %	0,38
DIAGEO PLC	10 %	9,58 %	15,27 %	0,32
NATIONAL GRID PLC	10 %	9,39 %	16,48 %	0,19
SWISSCOM AG	10 %	5,38 %	13,25 %	0,21
MONSTER BEVERAGE	10 %	39,97 %	41,84 %	0,58
LINDE PLC	10 %	16,49 %	18,44 %	0,65

Actif	Pondération dans le portefeuille	Rentabilité annuelle moyenne	Volatilité annuelle	Bêta
WASTE MANAGEMENT	10 %	13,72 %	17,85 %	0,50
AIR LIQUIDE	10 %	12,32 %	16,66 %	0,65
CANADIAN NATIONAL RAILWAY COMPANY	10 %	17,05 %	21,57 %	0,73
MICROSOFT	10 %	17,31 %	22,95 %	0,63
Total	100 %	15,13 %	~~19,92 %~~	0,48
	Véritable volatilité annuelle ⇒		10,41 %	
	Économie de risque		47,74 %	

La rentabilité annuelle moyenne de ce portefeuille est de 15,13 % et sa volatilité annuelle, de 10,41 %. Or, théoriquement, sa volatilité devrait être de 19,92 % par an. La diversification markovienne a donc permis de baisser le risque de plus de 47 % !

Dix sociétés en situation d'oligopole investies à part égale ! Belle homogénéité d'oligopoles afin de créer un portefeuille parfaitement diversifié :

- il est exposé à une multitude de secteurs : boissons, alcools, télécommunications, technologie et autres… toutes les formes de rentes oligopolistiques sont exploitées ;
- il est exposé à une multitude de pays : France, Suisse, Canada, États-Unis et autres.

In fine, ce portefeuille permet de bénéficier d'une position dominante dans différents secteurs et pays afin d'être réellement complet.

Lionel est très content de ce portefeuille ! Il peut s'exposer à une multitude de sociétés avec une rentabilité stable, une capacité à maintenir un avantage dans toutes les conditions économiques et des flux de trésorerie solides. Il a les vingt prochaines années pour profiter d'une rente oligopolistique !

Chapitre 7

Gagner avec les sociétés de *private equity*

Dos à sa banque, Emma soupire de déception. M. Dupont, son conseiller bancaire, est très sympathique mais son accompagnement ne fonctionne pas du tout. Emma sait qu'il y a des milliers d'opportunités autour d'elle. Tous les jours, une nouvelle pépite explose et une nouvelle personne s'enrichit, mais pas elle. Par exemple, en 2012, Ben Francis a fondé la société de vêtements de sport Gymshark à l'âge de 19 ans et, huit ans plus tard, il était millionnaire. Emma voudrait investir dans ce type de sociétés privées. Malheureusement, d'après M. Dupont, investir dans des sociétés non cotées en Bourse est inaccessible pour le commun des mortels.

C'est faux ! À tout moment, Emma peut se créer une colonne d'actifs de sociétés non cotées.

Dans ce chapitre, je vais vous présenter une stratégie d'investissement passive axée sur les sociétés de *private equity*.

Dans la première partie, j'exposerai le fonctionnement, les avantages et les faiblesses du *private equity*.

Dans la deuxième partie, je présenterai une liste de 19 sociétés cotées de *private equity*. Ce sera l'occasion de mettre en lumière certaines d'entre elles.

Enfin, je vous proposerai un portefeuille markovien composé de sociétés de *private equity*. Ce portefeuille sera parfait pour profiter, avec une diversification optimale, de la croissance en dehors des marchés traditionnels.

Dénichez les meilleurs investissements privés

L'émergence du *private equity* est largement liée au développement de la Silicon Valley. Dans les années 1960, on retrouvait dans cette région de Californie des ingénieurs, des informaticiens, des scientifiques et des financiers. D'un côté, il y avait des idées d'innovations et de l'autre, il y avait l'argent. Par exemple, en 1957, un investissement hors Bourse est devenu assez célèbre : Harlan Anderson, un professeur du MIT, cherchait à construire un petit module de laboratoire, et Georges F. Doriot, lui aussi professeur (mais à la Harvard Business School), cherchait à investir dans l'informatique. Leur association a donné naissance aux premiers micro-ordinateurs. Plus tard, leur société a été rachetée par Hewlett-Packard, une multinationale de 30 milliards de dollars.

Le *private equity* est donc un investissement direct dans une entreprise (qui n'est pas cotée en Bourse) pour ensuite la développer et la valoriser afin de réaliser un profit lors de sa revente.

Aujourd'hui, des sociétés se sont spécialisées dans ce type d'investissements. Généralement, il s'agit d'équipes spécialisées en analyse financière, en gestion d'entreprise, en évaluation des risques et en stratégie d'investissement. Elles recherchent activement des opportunités d'investissement dans des sociétés avec un fort potentiel de croissance. Or, ces sociétés de spécialistes sont elles-mêmes cotées en Bourse. Dès lors, le grand public peut acheter des actions de ces sociétés de spécialistes pour, indirectement, capter la performance du *private equity*.

Au total, il y a 19 sociétés de *private equity* qui ont plus de vingt années de cotation.

19 actions concernées

Voici la liste des 19 sociétés de *private equity* cotées depuis au moins vingt ans.

Actif	Rentabilité annuelle moyenne	Rentabilité sur 20 ans	Volatilité annuelle	Bêta sur 20 ans
BROOKFIELD CORP.	17,81 %	2 552,43 %	28,19 %	1,07
HGCAPITAL TRUST PLC	17,56 %	2 442,09 %	17,73 %	0,32
INTERMEDIATE CAPITAL GROUP PLC	14,31 %	1 351,06 %	36,72 %	1,37
ALTAMIR	13,83 %	1 233,25 %	36,15 %	0,95
CAPITAL SOUTHWEST CORP.	13,16 %	1 085,38 %	27,27 %	0,76
WASHINGTON H SOUL PATTINSON & CO.	12,43 %	941,46 %	21,69 %	0,42
3I GROUP PLC	12,15 %	890,80 %	30,73 %	1,05
ICG ENTERPRISE TRUST PLC	11,54 %	788,41 %	29,52 %	0,86
ABRDN PRIVATE EQUITY OPPORTUNITIES	11,43 %	771,05 %	29,69 %	0,78
GIMV NV	11,03 %	710,60 %	17,32 %	0,53

Actif	Rentabilité annuelle moyenne	Rentabilité sur 20 ans	Volatilité annuelle	Bêta sur 20 ans
WENDEL	10,64 %	655,52 %	32,93 %	1,49
DEUTSCHE BETEILIGUNGS AG	10,11 %	586,33 %	30,11 %	0,90
PANTHEON INTERNATIONAL PLC	9,38 %	500,84 %	30,54 %	0,87
ONEX CORP.	8,57 %	417,84 %	23,07 %	0,80
RATOS B	7,02 %	288,42 %	30,47 %	0,92
EURAZEO	6,38 %	244,51 %	31,18 %	1,24
COMPAGNIE LEBON	6,24 %	235,55 %	19,67 %	0,57
GLADSTONE CAPITAL CORP.	2,13 %	52,43 %	31,89 %	0,86
JAFCO GROUP LTD.	0,66 %	14,06 %	43,81 %	0,88

Altamir : l'exemple parfait

Altamir est une société française, cotée à Paris, spécialement créée en 1995 pour permettre à tous les investisseurs d'accéder au *private equity*. Actuellement, **Altamir** a des participations dans Europe Snacks, un leader européen des produits salés apéritifs, dans Marlink, l'un des principaux fournisseurs de solutions de communication par satellite dans le monde, ou encore dans AEB, un leader mondial des ingrédients et services associés pour le vin, les produits alimentaires et les boissons. Investir dans **Altamir,** c'est donc investir indirectement dans la croissance de ces champions.

Altamir a offert une performance de plus de 13 % par an sur les vingt dernières années, en fonction des cycles économiques (bêta de 0,95) et avec le risque associé au *private equity* (36 % par an).

Actif	Rentabilité annuelle moyenne	Rentabilité sur 20 ans	Volatilité annuelle	Bêta sur 20 ans
ALTAMIR	13,83 %	1 233,25 %	36,15 %	0,95

Le maximum du *private equity*

Brookfield est une société canadienne cotée aux États-Unis. C'est l'une des plus grandes sociétés de gestion d'actifs au monde, avec des investissements dans l'immobilier, les infrastructures, les énergies renouvelables, les ressources naturelles et les investissements privés. C'est aussi la société la plus performante de ce classement. Elle a offert presque 18 % de performance par an sur les vingt dernières années. Son bêta est aux alentours de 1, elle suit donc parfaitement les cycles économiques.

Actif	Rentabilité annuelle moyenne	Rentabilité sur 20 ans	Volatilité annuelle	Bêta sur 20 ans
BROOKFIELD CORP.	17,81 %	2 552,43 %	28,19 %	1,07

Et le minimum du *private equity*

À l'inverse, **JAFCO Group** est la dernière société de ce classement. Il s'agit d'une société japonaise de *private equity* qui se concentre sur les investissements dans des entreprises technologiques et de croissance au Japon. Fondée en 1973, c'est l'une des plus anciennes et des plus importantes sociétés de *private equity* au Japon. Sa performance, proche de zéro, amène à penser (mais ce n'est qu'une intuition) que la croissance économique au Japon est totalement amorphe.

Actif	Rentabilité annuelle moyenne	Rentabilité sur 20 ans	Volatilité annuelle	Bêta sur 20 ans
JAFCO GROUP LTD.	0,66 %	14,06 %	43,81 %	0,88

Pourquoi autant de cyclicité ?

Wendel est une société française de *private equity* extrêmement active. Par exemple, en 2021, elle a vendu ses parts dans Cromology, un spécialiste de la peinture décorative en Europe, pour un montant de 1,26 milliard d'euros. Quelques mois plus tard, elle achetait 99 % du capital d'ACAMS (Association of Certified Anti-Money Laundering Specialist), un spécialiste de la certification dans la lutte contre le blanchiment d'argent, pour 500 millions de dollars. **Wendel** est donc toujours à la recherche d'opportunités.

Cependant, on peut noter que **Wendel** dépend beaucoup des cycles économiques (bêta de presque 1,50). Cette caractéristique a particulièrement été visible durant le krach lié à la Covid-19, où l'action est passée de 125 € (21/02/2020) à 66 € (03/04/2020). **Wendel** a donc perdu la moitié de sa valeur en moins de quarante-trois jours.

Actif	Rentabilité annuelle moyenne	Rentabilité sur 20 ans	Volatilité annuelle	Bêta sur 20 ans
WENDEL	10,64 %	655,52 %	32,93 %	1,49

La plus connue en France

La société cotée de *private equity* la plus populaire du marché français est, sans doute, **Eurazeo**. En fait, **Eurazeo** gère plus de 30 milliards d'euros investis dans plus de 600 entreprises de petite et moyenne capitalisation. Dès lors, elle est vue comme un fonds de *private equity* par les investisseurs français. Sur vingt ans, cette société a offert un peu plus de 6 % par an au gré des cycles économiques (bêta supérieur à 1) et avec le risque associé (31 %).

Actif	Rentabilité annuelle moyenne	Rentabilité sur 20 ans	Volatilité annuelle	Bêta sur 20 ans
EURAZEO	6,38 %	244,51 %	31,18 %	1,24

Une pépite ?

HgCapital Trust Plc est une société d'investissement cotée en Bourse basée au Royaume-Uni. Cette société investit principalement dans des entreprises européennes de taille moyenne dans le domaine des services technologiques, de la santé et des entreprises. Son profil statistique est extrêmement équilibré : elle a offert 17 % de gain pour un risque de 17 % en dehors des cycles économiques.

Actif	Rentabilité annuelle moyenne	Rentabilité sur 20 ans	Volatilité annuelle	Bêta sur 20 ans
HGCAPITAL TRUST PLC	17,56 %	2 442,09 %	17,73 %	0,32

Le portefeuille gagnant avec les sociétés de *private equity*

Après avoir étudié la liste des actions de *private equity* ayant plus de vingt ans de cotation, voici un portefeuille markovien pour viser 15 % en moyenne par an avec le minimum de risque. Ce portefeuille est composé de six actions. En première place (25 %), on retrouve la pépite **HgCapital Trust Plc**.

Actif	Pondération dans le portefeuille	Rentabilité annuelle moyenne	Volatilité annuelle	Bêta
HGCAPITAL TRUST PLC	25 %	17,56 %	17,73 %	0,32
GIMV NV	25 %	11,03 %	17,32 %	0,53
BROOKFIELD CORP.	25 %	17,81 %	28,19 %	1,07
WASHINGTON H SOUL PATTINSON & CO.	10 %	12,43 %	21,69 %	0,42
CAPITAL SOUTHWEST CORP.	10 %	13,16 %	27,27 %	0,76
COMPAGNIE LEBON	5 %	6,24 %	19,67 %	0,57
Total	100 %	14,47 %	~~21,69 %~~	0,63
	Véritable volatilité annuelle ⇒		13,43 %	
	Économie de risque		38,10 %	

La rentabilité annuelle moyenne de ce portefeuille est de 14,47 % et sa volatilité annuelle, de 13,43 %. Or, théoriquement, sa volatilité devrait être de 21,69 % par an. La diversification markovienne a donc permis de baisser le risque de plus de 38 % !

Ce portefeuille markovien double les sources de diversification :

- d'abord, il met à profit une diversification géographique. **Compagnie Lebon** est française, les autres sont du Royaume-Uni, de Belgique, du Canada, des États-Unis et autres. *In fine*, ce portefeuille couvre le monde entier ;
- ensuite, il utilise une diversification sectorielle. À l'intérieur, on va retrouver des sociétés du monde de la technologie, de la santé, de l'hôtellerie, de l'énergie renouvelable, des services et autres. Ce portefeuille couvre, sans doute, indirectement tous les secteurs.

L'ensemble de ce portefeuille mutualise des risques géographiques et des risques sectoriels pour ne garder que la performance du *private equity* sur les vingt prochaines années.

Ce portefeuille correspond exactement aux attentes d'Emma ! À travers des sociétés cotées en Bourse, elle peut investir dans des sociétés privées. Sur du long terme, elle espère bénéficier d'une bonne appréciation de son capital. Dans vingt ans, elle pense revendre les actions de ce portefeuille à un prix plus élevé que celui auquel elle les a achetées, afin de générer un revenu passif sous forme de plus-value.

Chapitre 8

Gagner avec les innovations

Justine est hyperconnectée et pour elle cela ne fait aucun doute : l'innovation est le moteur de la richesse ! Les exemples sont légion : Uber, Snapchat, Airbnb, Palantir et bien d'autres ont créé des millionnaires en quelques années. C'est pourquoi Justine souhaite investir sur ce type de sociétés : des sociétés innovantes ! Lorsque ces entreprises se développent et réussissent, la valeur de leurs actions augmente et c'est là qu'elle pourra réaliser un bon profit !

Dans ce chapitre, je vais donc vous présenter une stratégie d'investissement passive axée sur les sociétés innovantes.

Dans la première partie, je vous parlerai d'une figure emblématique de l'innovation en finance : Cathie Wood. Cette chercheuse américaine est spécialisée dans la recherche et la gestion d'actions technologiques. Elle est réputée pour sa vision audacieuse et ses choix d'investissement forts. Par exemple, bien avant le commun des mortels, elle s'intéressait à la *blockchain*. Dans une plus large mesure, elle s'intéresse à l'intelligence artificielle, aux technologies génomiques, aux véhicules électriques et à l'exploration spatiale. En 2014, Cathie Wood a créé son fonds : ARK Investment Management LLC.

Dans la deuxième partie, je vous présenterai une centaine de champions issus d'ARK Investment Management LLC. Nous examinerons de très près ces entreprises à travers leurs innovations et le triptyque rentabilité-volatilité-diversification sur les vingt dernières années.

Enfin, je vous proposerai un portefeuille markovien avec cette sélection. Ce portefeuille sera un parfait équilibre entre l'exposition à la surperformance des sociétés innovantes et la réduction du risque de la diversification.

L'audacieuse Cathie Wood

Après avoir obtenu un diplôme en finance à l'université de Californie à Los Angeles, Cathie Wood a travaillé pour Jennison Associates et AllianceBernstein, où elle s'est spécialisée dans la gestion de portefeuilles d'actions technologiques. C'est en 2014 qu'elle fonde ARK Investment Management LLC, une société de gestion de fonds axée sur l'innovation disruptive. Son objectif est de créer des fonds d'investissement spécialisés dans les secteurs technologiques émergents tels que la *blockchain*, l'intelligence artificielle, les véhicules électriques et les technologies génomiques.

Au total, Cathie Wood va créer six fonds et, très rapidement, leurs performances vont impressionner les investisseurs. Certains de ces fonds, comme l'ARK Innovation ETF, ont généré des rendements spectaculaires.

Cathie Wood est devenue une figure de proue dans le monde de la finance, souvent invitée dans les médias à commenter les tendances du marché et les perspectives technologiques. Elle est également active sur les réseaux sociaux, et sa vision et ses prises de position sont largement suivies par les investisseurs et les observateurs du marché. Nous allons ici détailler les six fonds d'ARK Investment Management LLC.

Explorez les opportunités des fonds ARK

Le fonds ARK Innovation ETF

Il s'agit du fonds le plus généraliste de Cathy Wood. Il vise à investir dans des sociétés innovantes sans contraintes, quel que soit le secteur (la santé, les télécommunications, les services financiers, etc.).

Le fonds ARK Genomic Revolution ETF

Ce fonds se concentre sur les sociétés impliquées dans les avancées génomiques, y compris les thérapies géniques, le séquençage génétique, les diagnostics moléculaires et les autres technologies de pointe dans le domaine de la santé.

Le fonds ARK Next Generation Internet ETF

Ce fonds cible les sociétés qui devraient profiter de l'évolution d'Internet, y compris les entreprises impliquées dans le *cloud computing*, l'intelligence artificielle et la *blockchain*.

Le fonds ARK Autonomous Technology & Robotics ETF

Ce fonds se concentre sur les entreprises impliquées dans les technologies autonomes et la robotique. Cela concerne surtout les véhicules électriques, la conduite autonome, la robotique industrielle et les drones.

Le fonds ARK Fintech Innovation ETF

Ce fonds vise à investir dans des entreprises à la pointe de l'innovation financière : les sociétés de paiement numérique, les plateformes de prêt en ligne, les technologies de *blockchain* et les services financiers disruptifs.

Le fonds ARK Space Exploration & Innovation ETF

Ce fonds cible les sociétés impliquées dans l'exploration spatiale et les technologies spatiales. Il va concerner les sociétés qui s'intéressent aux satellites, aux lancements de fusées, aux services en orbite et autres activités dans l'espace.

Au total, ces six fonds représentent 34 actions innovantes qui ont plus de vingt années de cotation.

34 actions concernées

Voici la liste des 34 sociétés innovantes cotées depuis au moins vingt ans.

Actif	Rentabilité annuelle moyenne	Rentabilité sur 20 ans	Volatilité annuelle	Bêta sur 20 ans
NVIDIA CORP.	39,29 %	75 500,01 %	53,38 %	1,39
AMAZON.COM INC.	28,69 %	15 423,95 %	37,47 %	0,78
INTUITIVE SURGICAL INC.	28,56 %	15 113,47 %	44,76 %	0,78
HEICO CORP.	23,97 %	7 248,66 %	32,54 %	0,77
ANSYS INC.	22,53 %	5 717,55 %	27,92 %	0,80
REGENERON PHARMACEUTICALS	22,07 %	5 295,11 %	53,67 %	0,66
TAIWAN SEMICONDUCTOR-SP ADR	20,38 %	3 986,36 %	28,68 %	0,85
TRIMBLE INC.	18,38 %	2 820,10 %	36,87 %	1,33
ADVANCED MICRO DEVICES	18,22 %	2 744,25 %	60,60 %	1,48
DASSAULT SYSTÈMES SE	17,70 %	2 504,45 %	25,72 %	0,82
INTUIT INC.	17,67 %	2 491,08 %	24,89 %	0,66
CATERPILLAR INC.	17,40 %	2 372,04 %	31,62 %	1,07
MICROSOFT CORP.	17,31 %	2 337,62 %	22,95 %	0,63
SYNOPSYS INC.	17,23 %	2 301,38 %	27,09 %	0,66
DEERE & CO.	16,07 %	1 869,06 %	28,32 %	0,87
TELEDYNE TECHNOLOGIES INC.	15,89 %	1 809,23 %	27,49 %	0,78
VERTEX PHARMACEUTICALS INC.	15,71 %	1 750,59 %	42,48 %	0,54
L3 HARRIS TECHNOLOGIES INC.	14,99 %	1 532,89 %	27,49 %	0,69
CAMECO CORP.	14,50 %	1 399,55 %	40,53 %	0,95

Actif	Rentabilité annuelle moyenne	Rentabilité sur 20 ans	Volatilité annuelle	Bêta sur 20 ans
QUALCOMM INC.	14,38 %	1 369,94 %	33,12 %	0,84
KOMATSU LTD.	14,22 %	1 328,49 %	33,43 %	1,00
HONEYWELL INTERNATIONAL INC.	13,74 %	1 213,23 %	22,27 %	0,95
AIRBUS SE	14,83 %	1 489,98 %	34,60 %	1,37
INCYTE CORP.	12,55 %	963,80 %	49,21 %	0,89
LOCKHEED MARTIN CORP.	12,21 %	902,31 %	21,32 %	0,49
TERADYNE INC.	12,14 %	889,40 %	41,56 %	1,33
AMGEN INC.	10,88 %	689,12 %	24,09 %	0,40
THALES	10,41 %	624,22 %	23,87 %	0,73
MAGNA INTERNATIONAL INC.	9,62 %	527,54 %	32,02 %	1,16
IONIS PHARMACEUTICALS INC.	7,37 %	314,58 %	53,55 %	0,78
EXACT SCIENCES CORP.	7,05 %	290,70 %	73,88 %	0,60
3D SYSTEMS CORP.	3,01 %	80,99 %	83,08 %	1,11
KRATOS DEFENSE & SECURITY	-4,06 %	-56,34 %	52,78 %	0,70
CERUS CORP.	-9,06 %	-85,04 %	65,53 %	1,39

Le boom de Nvidia !

Nvidia, le spécialiste américain dans la conception de puces graphiques et de processeurs, a gagné plus de 40 % en moyenne par an sur les vingt dernières années ! En ayant investi 10 000 $ en 2002, vous auriez aujourd'hui plus de 8 millions de dollars !

La société sait tirer profit de toutes les tendances. Par exemple, elle est aujourd'hui portée par son expertise dans l'intelligence artificielle. Cependant, cette stratégie a une contrepartie : elle est hypercyclique. Avec un bêta supérieur à 1,40, elle est donc très sensible aux ralentissements économiques.

Actif	Rentabilité annuelle moyenne	Rentabilité sur 20 ans	Volatilité annuelle	Bêta sur 20 ans
NVIDIA CORP.	39,29 %	75 500,01 %	53,38 %	1,39

Le plus grand fondeur de semi-conducteurs au monde

Taiwan Semiconductor Manufacturing est une société taïwanaise de semi-conducteurs. Fondée en 1987, elle s'est spécialisée dans la fabrication de puces et de circuits intégrés. Aujourd'hui, elle est devenue leader dans son domaine et fournit des géants comme **Apple**, **Qualcomm** ou encore **Nvidia** ! Sa performance est supérieure à 20 % par an sur les vingt dernières années.

Actif	Rentabilité annuelle moyenne	Rentabilité sur 20 ans	Volatilité annuelle	Bêta sur 20 ans
TAIWAN SEMICONDUCTOR MANUFACTURING	20,38 %	3 986,36 %	28,68 %	0,85

Rouge sang !

Cerus est une société américaine très intéressante. Elle propose une solution pour réduire le risque de transmission de maladies infectieuses par transfusion. En fait, elle utilise une technologie qui endommage intentionnellement l'ADN des virus et bactéries présents dans le sang, tout en restant inoffensive pour le plasma sanguin et les plaquettes transfusés. Cependant, cette société ne génère pas assez de bénéfices par rapport à ses investissements. Le cours a perdu 85 % de sa valeur en vingt ans. L'innovation, même la plus intéressante, ne paie pas toujours…

Actif	Rentabilité annuelle moyenne	Rentabilité sur 20 ans	Volatilité annuelle	Bêta sur 20 ans
CERUS CORP.	-9,06 %	-85,04 %	65,53 %	1,39

Les médicaments dans toutes les conditions économiques

Amgen est l'une des plus grandes entreprises biotechnologiques au monde. Depuis 1980, elle s'est spécialisée dans la recherche, le développement et la commercialisation de médicaments pour le traitement du cancer, des maladies cardiovasculaires, de l'arthrite, de l'ostéoporose et d'autres affections graves. C'est la société la plus autonome de cette liste (un bêta proche de 0,40).

Actif	Rentabilité annuelle moyenne	Rentabilité sur 20 ans	Volatilité annuelle	Bêta sur 20 ans
AMGEN INC.	10,88 %	689,12 %	24,09 %	0,40

À l'inverse...

Advanced Micro Devices est la société la plus cyclique de ce classement. Elle est spécialisée dans la conception de processeurs, de cartes graphiques et de semi-conducteurs. Elle a un bêta de 1,47 et, généralement, ce qui est lié à la fabrication de semi-conducteurs est très cyclique.

Actif	Rentabilité annuelle moyenne	Rentabilité sur 20 ans	Volatilité annuelle	Bêta sur 20 ans
ADVANCED MICRO DEVICES INC.	18,22 %	2744,25 %	60,60 %	1,48

La *French Tech* !

Dassault Systèmes SE et **Thales**, deux champions français, sont dans cette liste des sociétés innovantes. Le premier utilise des technologies telles que la réalité virtuelle, et le second des technologies de cybersécurité et de surveillance. Dans tous les cas, ils offrent entre 11 % et 17 % de performance en moyenne par an, avec un risque maîtrisé.

Actif	Rentabilité annuelle moyenne	Rentabilité sur 20 ans	Volatilité annuelle	Bêta sur 20 ans
DASSAULT SYSTÈMES SE	17,70 %	2504,45 %	25,72 %	0,82
THALES	10,41 %	624,22 %	23,87 %	0,73

Zoom sur...

Intuitive Surgical ! Cette société californienne développe et commercialise des robots médicaux. Elle a notamment développé le robot « Da Vinci », un système chirurgical assisté. Pour vous décrire un peu la machine, il s'agit d'une base de bras articulés, de caméras haute résolution et d'instruments chirurgicaux miniaturisés. Ces bras sont contrôlés par le chirurgien depuis une console ergonomique.

Sur les vingt dernières années, **Intuitive Surgical** a offert quasi 30 % par an en moyenne. Par contre, le risque est un peu élevé (presque 45 %).

Actif	Rentabilité annuelle moyenne	Rentabilité sur 20 ans	Volatilité annuelle	Bêta sur 20 ans
INTUITIVE SURGICAL INC.	28,56 %	15 113,47 %	44,76 %	0,78

Et gros plan sur…

Exact Sciences. Basée aux États-Unis, cette société est spécialisée dans le développement de tests de dépistage du cancer et notamment du cancer du côlon.

Sur vingt ans, **Exact Sciences** a offert en moyenne 7 % de performance par an, mais sa volatilité est extrêmement forte. En fait, son activité évolue au fil de ses innovations et de ses nouveaux tests. Certains tests réussissent et d'autres échouent, si bien que cette société entre régulièrement dans des bulles spéculatives (qui peuvent assez vite se dégonfler). D'une manière générale, les sociétés de biotechnologies sont très risquées.

Actif	Rentabilité annuelle moyenne	Rentabilité sur 20 ans	Volatilité annuelle	Bêta sur 20 ans
EXACT SCIENCES CORP.	7,05 %	290,70 %	73,88 %	0,60

À la conquête de la performance ?

Voici une société liée à l'armement qui a d'excellentes statistiques : **Lockheed Martin**. C'est l'un des plus grands fabricants mondiaux d'aéronefs militaires et civils, de systèmes spatiaux, de missiles, de systèmes de défense et de technologies de sécurité. **Lockheed Martin** offre plus de 10 % de performance par an pour un risque maîtrisé et un bêta de 0,49.

Actif	Rentabilité annuelle moyenne	Rentabilité sur 20 ans	Volatilité annuelle	Bêta sur 20 ans
LOCKHEED MARTIN CORP.	12,21 %	902,31 %	21,32 %	0,49

L'incontournable Microsoft

Microsoft, le géant qu'on ne présente plus, a tous les atouts. Un excellent ratio risque-rendement et une excellente autonomie. Il paraît incontournable à la création d'un portefeuille équilibré.

Actif	Rentabilité annuelle moyenne	Rentabilité sur 20 ans	Volatilité annuelle	Bêta sur 20 ans
MICROSOFT CORP.	17,31 %	2 337,62 %	22,95 %	0,63

Ou comment maîtriser ses finances

Intuit est une entreprise américaine qui développe des logiciels financiers et fiscaux, notamment TurboTax, QuickBooks et Mint. Elle est innovante en fournissant des solutions logicielles conviviales et basées sur le cloud pour la gestion financière personnelle et d'entreprise ainsi que pour la déclaration de revenus. Cette activité rapporte plus de 15 % de performance par an en moyenne depuis vingt ans.

Actif	Rentabilité annuelle moyenne	Rentabilité sur 20 ans	Volatilité annuelle	Bêta sur 20 ans
INTUIT INC.	17,67 %	2 491,08 %	24,89 %	0,66

L'innovation à tous les étages

Deere & Co est un fabriquant de matériel agricole, de tracteurs, de moissonneuses-batteuses, de ramasseuses-presses, de matériel d'entretien des espaces verts et des équipements forestiers qui prend l'innovation très à cœur. Chaque année, il organise le programme John Deere Fellows qui offre une récompense aux salariés les plus innovants de la société.

Actif	Rentabilité annuelle moyenne	Rentabilité sur 20 ans	Volatilité annuelle	Bêta sur 20 ans
DEERE & CO.	16,07 %	1 869,06 %	28,32 %	0,87

Le portefeuille gagnant avec les innovations

Après avoir étudié la liste des actions innovantes sélectionnées par Cathie Wood ayant plus de vingt ans de cotation, voici un portefeuille markovien pour viser 15 % en moyenne par an avec le minimum de risque. Ce portefeuille est composé de douze actions. En première place (10 %), il y a un Français : **Dassault Systèmes** !

Actif	Pondération dans le portefeuille	Rentabilité annuelle moyenne	Volatilité annuelle	Bêta
DASSAULT SYSTÈMES SE	10 %	17,70 %	25,72 %	0,82
SYNOPSYS INC.	10 %	17,23 %	27,09 %	0,66
TELEDYNE TECHNOLOGIES	10 %	15,89 %	27,49 %	0,78
LOCKHEED MARTIN CORP.	10 %	12,21 %	21,32 %	0,49
AMGEN INC.	10 %	10,88 %	24,09 %	0,40
THALES	10 %	10,41 %	23,87 %	0,73
HONEYWELL INTERNATIONAL	8 %	13,74 %	22,27 %	0,95
MICROSOFT CORP.	8 %	17,31 %	22,95 %	0,63
DEERE & CO.	8 %	16,07 %	28,32 %	0,87
INTUIT INC.	8 %	17,67 %	24,89 %	0,66
L3 HARRIS TECHNOLOGIES	8 %	14,99 %	27,49 %	0,69
Total	100 %	14,56 %	~~27,71 %~~	0,68
	Véritable volatilité annuelle ⇒		13,65 %	
	Économie de risque		44,76 %	

La rentabilité annuelle moyenne de ce portefeuille est de 14,56 % et sa volatilité annuelle, de 13,65 %. Or, théoriquement, sa volatilité devrait être de 27,71 % par an. La diversification markovienne a donc permis de baisser le risque de plus de 44 % !

On pourrait penser qu'un portefeuille consacré à l'innovation serait exclusivement composé d'actions technologiques. Ce n'est pas tout à fait vrai. L'innovation est présente dans beaucoup d'autres secteurs ! Il y a de l'innovation dans la santé (**Amgen**), dans l'agriculture (**Deere & Co.**) ou même dans la finance (**Intuit**). L'ensemble permet de gagner deux fois : d'abord, gagner en diversification, puis gagner en capitalisant sur diverses avancées technologiques ou de nouveaux produits.

Justine est ravie de ce portefeuille ! Il lui donne la possibilité de profiter des futurs succès d'une douzaine de sociétés innovantes. En investissant dans ces sociétés dès maintenant, elle peut valoriser son capital à long terme : dans vingt ans, elle encaissera des plus-values pour se générer un revenu passif.

Chapitre 9

Gagner avec les actions multibaggers

Gestionnaire du fonds Fidelity Magellan Fund entre 1977 et 1990, Peter Lynch a réalisé un rendement proche de 30 % par an. Après avoir transformé des millions de dollars en milliards, il a pris sa retraite à 48 ans et profité de son repos pour partager quelques idées personnelles à travers ses livres. Il a notamment popularisé le principe des multibaggers.

Sam connaît bien cette histoire tirée du livre *One Up On Wall Street*[1]. Elle est sans doute romancée mais les faits sont là : les actions multibaggers ont multiplié leur prix initial en quelques années. Ces actions peuvent avoir un potentiel pour générer de très forts rendements. Tout l'objectif de Sam est de créer un portefeuille capable de s'exposer à cette performance tout en étant parfaitement diversifié.

Dans ce chapitre, je vous présenterai donc une stratégie d'investissement passive centrée sur les actions multibaggers.

Dans la première partie, je vous expliquerai ce qu'est une action multibagger. Nous verrons que pour notre portefeuille, nous serons obligés de viser une ambition de 30 % par an au lieu des 15 % habituels.

---

1. Peter Lynch, *One Up On Wall Street*, Simon & Schuster, 2000.

Dans la deuxième partie, je vous présenterai une liste de 35 actions multibaggers. Nous examinerons les performances, les risques et les modèles économiques de cette sélection.

Enfin, je vous proposerai le portefeuille markovien visant un rendement de 30 % par an. Ce portefeuille combinera la puissance d'actions hyperdynamiques et une diversification optimale.

Misez sur des gains largement multipliés

Après avoir obtenu un MBA de la Wharton School of Business, Peter Lynch a commencé sa carrière chez Fidelity. À 33 ans, en 1977, il est devenu gestionnaire du Fidelity Magellan Fund. En treize ans, il a fait passer ce fonds de 18 millions de dollars à plus de 14 milliards de dollars. Sa gestion irréprochable lui a fait gagner plus de 25 % de performance par an !

Plus tard, Peter Lynch a introduit l'expression de « multibaggers », un concept pour décrire l'évolution d'actions qui ont multiplié leurs performances. Un 10-bagger (prononcez « tenbagger ») est une action qui a vu son prix d'achat multiplié par dix. Un 20-bagger est une action qui vu son prix d'achat multiplié par vingt. Un 100-bagger est une action qui vu son prix d'achat multiplié par cent !

Ce type de sociétés a connu un parcours boursier exemplaire, mais, comme l'a souligné Peter Lynch, rien n'implique que cela va continuer. C'est vrai. Cependant, il s'agit généralement de sociétés ayant gagné entre 20 et 30 % par an sur les vingt dernières années. Elles ont donc potentiellement quelque chose de plus que les autres.

Pour nous aligner avec ces performances, nous allons exceptionnellement passer la contrainte du portefeuille markovien de 15 % par an à 30 % par an. Au total, il y a 35 actions multibaggers avec plus de vingt années de cotation.

35 actions concernées

Voici la liste des 35 actions multibaggers ayant plus de vingt ans de cotation.

Actif	Rentabilité annuelle moyenne	Rentabilité sur 20 ans	Volatilité annuelle	Bêta sur 20 ans
MONSTER BEVERAGE CORP.	39,97 %	83 216,86 %	41,84 %	0,58
NVIDIA CORP.	39,29 %	75 500,01 %	53,38 %	1,39
NETFLIX, INC.	37,17 %	55 511,77 %	56,15 %	0,76
APPLE INC.	36,83 %	52 783,23 %	32,67 %	0,90
AXON ENTERPRISE INC.	35,94 %	46 348,27 %	66,02 %	0,98
DECKERS OUTDOOR CORP.	34,86 %	39 512,68 %	45,36 %	0,90
BOOKING HOLDINGS INC. COMMON ST	32,22 %	26 559,25 %	45,48 %	1,10
TEXAS PACIFIC LAND CORP.	31,70 %	24 550,41 %	42,62 %	0,88
OLD DOMINION FREIGHT LINE INC.	30,27 %	19 703,13 %	32,91 %	0,69
AMAZON.COM INC.	28,69 %	15 423,95 %	37,27 %	0,78
INTUITIVE SURGICAL INC.	28,56 %	15 113,47 %	44,75 %	0,78
SBA COMMUNICATIONS CORP.	28,07 %	13 980,91 %	50,44 %	0,55

Actif	Rentabilité annuelle moyenne	Rentabilité sur 20 ans	Volatilité annuelle	Bêta sur 20 ans
INSTEEL INDUSTRIES INC.	27,89 %	13 604,52 %	61,97 %	0,92
UFP TECHNOLOGIES INC.	27,58 %	12 954,64 %	45,34 %	0,90
AMERICAN TOWER CORP.	26,73 %	11 326,53 %	45,18 %	0,60
AKAMAI TECHNOLOGIES INC.	25,68 %	9 567,32 %	54,81 %	1,11
ALIGN TECHNOLOGY INC.	24,54 %	7 958,45 %	57,84 %	1,28
EQUINIX INC.	24,32 %	7 675,37 %	57,02 %	0,96
HEICO CORP.	23,97 %	7 248,66 %	32,54 %	0,77
TYLER TECHNOLOGIES INC.	23,95 %	7 229,25 %	27,85 %	0,54
WEST PHARMACEUTICAL SERVICES INC.	23,13 %	6 311,92 %	26,28 %	0,60
ILLUMINA INC.	22,80 %	5 977,50 %	49,91 %	0,59
COPART INC.	22,59 %	5 773,50 %	28,72 %	0,69
ANSYS INC.	22,53 %	5 717,55 %	27,92 %	0,80
TRACTOR SUPPLY COMPANY	22,42 %	5 611,41 %	30,45 %	0,70
O'REILLY AUTOMOTIVE INC.	22,41 %	5 606,23 %	23,53 %	0,44
IDEXX LABORATORIES INC.	22,29 %	5 492,34 %	28,29 %	0,66
CROWN CASTLE INC.	22,21 %	5 424,45 %	31,92 %	0,78
CUMMINS INC.	22,16 %	5 380,50 %	33,82 %	1,08
REGENERON PHARMACEUTICALS INC.	22,07 %	5 295,11 %	53,67 %	0,66
ON SEMICONDUCTOR CORP.	21,36 %	4 699,46 %	55,95 %	1,66
DIAMOND HILL INVESTMENT GROUP	21,14 %	4 531,54 %	37,38 %	0,64

Actif	Rentabilité annuelle moyenne	Rentabilité sur 20 ans	Volatilité annuelle	Bêta sur 20 ans
METTLER-TOLEDO INTERNATIONAL INC.	19,81 %	3 613,45 %	26,42 %	0,92
HUMANA INC.	17,46 %	2 399,53 %	31,45 %	0,55
NIKE INC.	16,11 %	1 883,36 %	23,33 %	0,60

18-bagger

Nike, la marque d'articles de sport, a gagné plus de 16 % par an en moyenne sur les vingt dernières années. Son risque est plutôt maîtrisé et son parcours boursier quasi indépendant des cycles boursiers (bêta de 0,6). Probablement grâce à son marketing efficace et à son innovation constante, la société a multiplié son cours par plus de dix-huit depuis 2002.

Actif	Rentabilité annuelle moyenne	Rentabilité sur 20 ans	Volatilité annuelle	Bêta sur 20 ans
NIKE INC.	16,11 %	1 883,36 %	23,33 %	0,60

23-bagger

Humana est l'une des plus grandes compagnies d'assurance santé aux États-Unis. Fondée en 1961, basée à Louisville (Kentucky), elle emploie plus de 20 000 salariés à travers le pays et touche plus de 11 millions de clients. Elle propose notamment des plans d'assurance santé, de l'assurance dentaire et des programmes de bien-être. Sur les vingt dernières années, la société a gagné plus de 17 % par an en moyenne, multipliant son cours par vingt-trois.

Actif	Rentabilité annuelle moyenne	Rentabilité sur 20 ans	Volatilité annuelle	Bêta sur 20 ans
HUMANA INC.	17,46 %	2 399,53 %	31,45 %	0,55

56-bagger

Tractor Supply Company est une chaîne de magasins américaine spécialisée dans la vente au détail de fournitures agricoles, d'équipements pour animaux, de produits de jardinage et de bricolage, et d'articles liés au style de vie rural. Fondée en 1938, elle s'est développée pour devenir l'un des principaux détaillants dans son domaine, avec des centaines de magasins à travers les États-Unis. La société a gagné plus de 22 % par an sur les vingt dernières années. Son cours a été multiplié par plus de cinquante depuis 2002 !

Actif	Rentabilité annuelle moyenne	Rentabilité sur 20 ans	Volatilité annuelle	Bêta sur 20 ans
TRACTOR SUPPLY COMPANY	22,42 %	5 611,41 %	30,45 %	0,70

265-bagger

Booking Holdings est la société américaine qui exploite la plateforme de réservation en ligne Booking.com. Elle possède aussi d'autres sites, notamment Priceline.com, Agoda.com, Kayak.com et OpenTable. En vingt ans, le prix de son action a été multiplié par deux cent soixante-cinq.

Actif	Rentabilité annuelle moyenne	Rentabilité sur 20 ans	Volatilité annuelle	Bêta sur 20 ans
BOOKING HOLDINGS INC. COMMON ST	32,22 %	26 559,25 %	45,48 %	1,10

395-bagger

Deckers Outdoor est une société qui fabrique et distribue des chaussures, des vêtements et des accessoires de plein air. Fondée en 1973, elle est connue pour proposer des produits de haute qualité tout en restant à la pointe de l'innovation dans son secteur. Cette société a gagné plus de 22 % par an sur les vingt dernières années. Son cours a été multiplié par presque quatre cents depuis 2002 !

Actif	Rentabilité annuelle moyenne	Rentabilité sur 20 ans	Volatilité annuelle	Bêta sur 20 ans
DECKERS OUTDOOR CORP.	34,86 %	39 512,68 %	45,36 %	0,90

555-bagger

Netflix, la célèbre société américaine de streaming, a offert plus de 37 % de performance par an depuis vingt ans en Bourse ! Depuis 2002, votre investissement aurait été multiplié par plus de cinq cents ! Fondée en 1997, elle est devenue l'un des principaux fournisseurs de contenu de divertissement au monde. Vertigineux !

Actif	Rentabilité annuelle moyenne	Rentabilité sur 20 ans	Volatilité annuelle	Bêta sur 20 ans
NETFLIX INC.	37,17 %	55511,77 %	56,15 %	0,76

Le portefeuille gagnant avec les actions multibaggers

Après avoir étudié cette liste de sociétés ayant multiplié leur cours depuis plus de vingt ans, voici un portefeuille markovien pour viser 30 % en moyenne par an avec un risque minimisé. Ce portefeuille est composé de treize actions.

Actif	Pondération dans le portefeuille	Rentabilité annuelle moyenne	Volatilité annuelle	Bêta
APPLE INC.	13 %	36,83 %	32,67 %	0,90
IDEXX LABORATORIES INC.	13 %	22,29 %	28,29 %	0,66
NVIDIA CORP.	10 %	39,29 %	53,38 %	1,39
DECKERS OUTDOOR CORP.	10 %	34,86 %	45,36 %	0,90
OLD DOMINION FREIGHT LINE INC.	10 %	30,27 %	32,91 %	0,69
AMAZON.COM INC.	10 %	28,69 %	37,27 %	0,78
COPART INC.	5 %	22,59 %	28,72 %	0,69
MONSTER BEVERAGE CORP.	5 %	39,97 %	41,84 %	0,58
O'REILLY AUTOMOTIVE INC.	5 %	22,41 %	23,53 %	0,44

Actif	Pondération dans le portefeuille	Rentabilité annuelle moyenne	Volatilité annuelle	Bêta
WEST PHARMACEUTICAL SERVICES	5 %	23,13 %	26,28 %	0,60
TYLER TECHNOLOGIES INC.	5 %	23,95 %	27,85 %	0,54
TRACTOR SUPPLY COMPANY	5 %	22,42 %	30,45 %	0,70
NETFLIX INC.	4 %	37,17 %	56,15 %	0,76
Total	100 %	30,21 %	~~35,99 %~~	0,79
	Véritable volatilité annuelle ⇒		20,99 %	
	Économie de risque		41,70 %	

La rentabilité annuelle moyenne de ce portefeuille est de 30,21 % et sa volatilité annuelle, de 20,99 %. Or, théoriquement, sa volatilité devrait être de 35,99 % par an. La diversification markovienne a donc permis de baisser le risque de plus de 41 % !

Belle composition pour viser 30 % en moyenne de performance par an ! La force de ce portefeuille réside dans son équilibre : aucune action multibagger n'est surpondérée. **Apple**, **Nvidia**, **Amazon.com** et autres sont investis avec justesse. Aussi, une grande diversité de secteurs est représentée. Ce portefeuille s'étend de la technologie (**Apple**, **Nvidia**) à la santé (**West Pharmaceutical Services**) en passant par le multimédia (**Netflix**), les boissons (**Monster Beverage**) ou la vente de vêtements (**Nike**, **Deckers Outdoor**). De cette manière, le risque spécifique associé à un seul secteur est réduit. Si le secteur de la santé ralentit, celui de la technologie va peut-être accélérer et ainsi protéger la performance globale du portefeuille.

Sam est séduit par ce portefeuille. Il est parfaitement équilibré pour s'exposer aux très forts rendements potentiels des actions multibaggers sur les vingt prochaines années ! Lorsque ces actions seront revendues à un prix démultiplié par rapport à celui auquel il les a achetées, cela lui générera un revenu passif sous forme de plus-values.

Chapitre 10

Gagner avec les sociétés écologiques

Devant son poste de télévision, François est consterné. Une multitude de médias, supposément spécialisés dans la Bourse, incitent implicitement des particuliers à investir sur l'action TotalEnergies. C'est n'importe quoi ! Pourquoi, à votre avis, TotalEnergies a-t-elle changé de nom en février 2021, abandonnant son nom historique qui était « Total » ? Parce qu'elle ne voulait plus être associée au pétrole, une énergie fossile et polluante. Ce changement de nom est un aveu de faiblesse : le pétrole est condamné à long terme et les actionnaires de TotalEnergies finiront par perdre énormément.

Au contraire, François le sait, il faut investir sur des sociétés fortement impliquées dans la préservation de la planète. Ces sociétés vont échapper à tous les scandales, à tous les changements réglementaires et à toutes les sanctions. Avoir un portefeuille de sociétés écologiques donne un incroyable avantage : un capital préservé à long terme.

Dans ce chapitre, nous allons donc explorer une stratégie passive d'investissement axée sur le thème de l'écologie.

Dans la première partie, je vous expliquerai le principe fondamental de l'écologie en finance, ainsi que le risque de non-conformité réglementaire, ses implications (amendes et sanctions payées par les actionnaires) et pourquoi les sociétés écologiques échappent à ce risque.

Dans la deuxième partie, je vous présenterai une liste de 50 entreprises durables. Nous examinerons leurs *business models* et leurs performances boursières sur les vingt dernières années.

Enfin, je vous proposerai un portefeuille markovien écologique. Il sera extrêmement diversifié et supprimera presque totalement le risque de non-conformité réglementaire dans le temps.

Qu'est-ce que l'économie durable ?

À Cassis, à côté de Marseille, il y a deux papetiers. Ils sont identiques en tous points. Ils se fournissent en arbres dans la même exploitation forestière et vendent chacun leur papier au village. Or, à force de couper des arbres, le village connaît de nouveaux risques : inondations et incendies. En économie, on parle d'externalités négatives. Réalisant ces conséquences néfastes à long terme pour le village, le premier papetier décide que pour chaque arbre coupé, il en replantera un. Le second papetier, n'étant pas obligé par la loi d'assumer les externalités négatives de son activité, ne change rien. Au bout d'une année, il est possible de faire un bilan de l'empreinte environnementale des deux papetiers sur le village : le premier a une faible empreinte tandis que celle du second est très lourde.

Face aux nouveaux risques d'inondations et d'incendies, le maire de Cassis décide de mettre en place une cotisation obligatoire, basée sur l'empreinte environnementale, pour toutes les sociétés de la ville. Le premier papetier, ayant eu une attitude proactive, bénéficie d'une faible cotisation, tandis que celle du second, qui n'a rien mis en place, est extrêmement forte. Pour les actionnaires de la seconde papeterie, c'est la catastrophe… Avec cette nouvelle taxe, ils peuvent dire adieu aux bénéfices et à leurs dividendes ! Les actionnaires du premier papetier sont, au contraire, extrêmement contents de ne pas être impactés par cette nouvelle taxe. Dans quelques années, le premier papetier va sûrement racheter le second.

Le Global 100 : la liste des sociétés les plus durables au monde

L'économie durable, c'est la mesure de l'empreinte environnementale par entreprise. Pour faire baisser cette empreinte, il y a trois pistes :

- compenser directement une externalité négative grâce à une externalité positive (comme pour le papetier avec la forêt) ;
- optimiser l'utilisation de ses ressources en favorisant la réutilisation et le recyclage ;
- adopter des technologies respectueuses de l'environnement.

Il existe un classement annuel des entreprises cotées qui jouent le jeu de la durabilité : le « Global 100 », qui recense les 100 entreprises les plus durables au monde. Chaque année, ce classement est publié par *Corporate Knights*, un média spécialisé dans les questions liées à la durabilité et à la responsabilité sociale de milliers d'entreprises.

Le Global 100 est largement reconnu comme l'un des indices les plus complets en la matière, et les sociétés qui y figurent sont souvent considérées comme des leaders dans le domaine de la durabilité et de la responsabilité sociale des entreprises.

En 2023, en tête du classement figurait **Schnitzer Steel**, un ferrailleur américain. Pourquoi cette société cotée à la Bourse américaine est-elle aussi durable ? Un tiers de ses revenus vient du recyclage de l'acier, qui est lui-même alimenté par une énergie hydraulique. La société est devenue circulaire et les déchets des autres sont désormais sa matière première, qu'elle exploite grâce à un barrage.

Comme **Schnitzer Steel**, il y a 50 sociétés durables et cotées depuis plus de vingt ans dans ce classement.

50 actions concernées

Voici la liste des sociétés cotées du Global 100 qui ont plus de vingt années de cotation.

Actif	Rentabilité annuelle moyenne	Rentabilité sur 20 ans	Volatilité annuelle	Bêta sur 20 ans
APPLE INC.	36,83 %	52 783,23 %	32,67 %	0,90
ASM INTERNATIONAL NV	24,02 %	7 307,23 %	40,43 %	1,52
AUTODESK INC.	18,98 %	3 132,14 %	38,33 %	1,24
DASSAULT SYSTÈMES SE	17,70 %	2 504,45 %	25,72 %	0,82
DANAHER CORP.	16,91 %	2 174,04 %	19,37 %	0,57
ROCKWOOL A/S	16,06 %	1 866,87 %	34,84 %	0,89
MERCK KGAA	15,98 %	1 838,79 %	24,54 %	0,60
GILEAD SCIENCES INC.	15,80 %	1 779,93 %	25,81 %	0,40
SAP SE	15,43 %	1 662,15 %	28,27 %	1,00
KESKO OYJ	15,31 %	1 626,66 %	26,64 %	0,58

Actif	Rentabilité annuelle moyenne	Rentabilité sur 20 ans	Volatilité annuelle	Bêta sur 20 ans
TELUS CORP.	14,72 %	1 458,30 %	20,43 %	0,43
SCHNEIDER ELECTRIC SE	14,31 %	1 352,20 %	23,56 %	1,01
INVESTEC LTD.	13,79 %	1 224,85 %	33,95 %	1,18
GILDAN ACTIVEWEAR INC.	13,72 %	1 207,98 %	36,22 %	1,05
TECK RESOURCES LTD.	13,62 %	1185,22 %	58,99 %	1,51
GIANT MANUFACTURING CO. LTD.	13,22 %	1 098,72 %	29,82 %	0,50
ADIDAS AG	13,15 %	1 083,80 %	25,66 %	0,75
KERING SA	13,07 %	1 066,18 %	31,21 %	1,18
ECOLAB INC.	13,03 %	1 059,12 %	19,45 %	0,62
VESTAS WIND SYSTEMS A/S	11,51 %	783,11 %	49,03 %	1,06
SEKISUI CHEMICAL CO. LTD.	11,12 %	723,77 %	27,41 %	0,57
COGECO COMMUNICATIONS INC.	11,04 %	712,35 %	26,17 %	0,38
ASTRAZENECA PLC	11,04 %	711,37 %	21,59 %	0,54
MCCORMICK & CO. INC.	10,95 %	699,54 %	17,94 %	0,31
SINO LAND CO. LTD.	10,88 %	688,92 %	34,29 %	0,78
IBERDROLA SA	10,61 %	652,10 %	22,01 %	0,63
HP INC.	10,46 %	631,24 %	29,78 %	0,96
BANK OF MONTREAL	10,37 %	618,97 %	19,44 %	0,60
INTESA SANPAOLO SPA	10,35 %	616,51 %	36,59 %	1,45
SEVERN TRENT PLC	10,33 %	614,54 %	19,78 %	0,27

Actif	Rentabilité annuelle moyenne	Rentabilité sur 20 ans	Volatilité annuelle	Bêta sur 20 ans
CANADIAN TIRE CORP. LTD.	10,11 %	586,82 %	22,31 %	0,63
SUN LIFE FINANCIAL INC.	9,81 %	550,13 %	25,47 %	0,96
CISCO SYSTEMS INC.	9,33 %	494,97 %	26,98 %	0,86
UNILEVER PLC	9,01 %	461,30 %	17,47 %	0,33
BCE INC.	7,97 %	363,86 %	15,07 %	0,30
HENKEL AG & CO. KGAA	7,78 %	347,35 %	18,81 %	0,55
SCHNITZER STEEL INDUSTRIES INC.	7,63 %	335,07 %	49,36 %	1,16
BNP PARIBAS SA	7,27 %	307,07 %	31,68 %	1,45
IGM FINANCIAL INC.	6,95 %	283,02 %	21,10 %	0,77
SANOFI SA	5,73 %	204,91 %	19,36 %	0,59
SWATCH GROUP AG	4,74 %	152,50 %	27,03 %	0,93
XEROX HOLDINGS CORP.	4,18 %	126,71 %	36,11 %	1,25
PFIZER INC.	3,68 %	105,99 %	20,82 %	0,43
QUADIENT SA	2,81 %	74,07 %	27,95 %	0,66
BT GROUP PLC	2,36 %	59,44 %	27,06 %	0,76
KB FINANCIAL GROUP INC.	1,51 %	34,91 %	35,28 %	1,20
SOCIÉTÉ GÉNÉRALE SA	1,42 %	32,58 %	38,10 %	1,77
CASCADES INC.	0,10 %	2,09 %	36,30 %	0,68
COMMERZBANK AG	-6,45 %	-73,66 %	45,11 %	1,50
NOVAVAX INC.	-12,52 %	-93,11 %	100,56 %	0,80

Le champion des champions

Premier de cette liste, **Apple** compile tous les avantages. Sur les vingt dernières années, la célèbre firme à la pomme a une rentabilité annuelle de 38 % en moyenne, une volatilité annuelle, de 33 % et un indice de diversification de 0,90. La société est donc hyper-rentable, avec un risque maîtrisé, un peu de diversification, et elle est fait partie des 100 sociétés les plus durables au monde.

Actif	Rentabilité annuelle moyenne	Rentabilité sur 20 ans	Volatilité annuelle	Bêta sur 20 ans
APPLE INC.	36,83 %	52 783,23 %	32,67 %	0,90

La technologie au cœur de la performance

Après **Apple,** on retrouve trois autres acteurs de la haute technologie dans ce classement : **ASM International**, **Autodesk** et **Dassault Systèmes**. **ASM International** est une entreprise néerlandaise spécialisée dans la fabrication d'équipements pour l'industrie des semi-conducteurs, **Autodesk** est une entreprise américaine qui développe des logiciels de conception assistée et **Dassault Systèmes** est une entreprise française spécialisée dans les logiciels de conception 3D. Sur les vingt dernières années, en règle générale, c'est le secteur technologique qui a fait les plus hautes performances boursières.

Actif	Rentabilité annuelle moyenne	Rentabilité sur 20 ans	Volatilité annuelle	Bêta sur 20 ans
ASM INTERNATIONAL NV	24,02 %	7 307,23 %	40,43 %	1,52

Actif	Rentabilité annuelle moyenne	Rentabilité sur 20 ans	Volatilité annuelle	Bêta sur 20 ans
AUTODESK INC.	18,98 %	3 132,14 %	38,33 %	1,24
DASSAULT SYSTÈMES SE	17,70 %	2 504,45 %	25,72 %	0,82

Deux sociétés empêtrées dans les problèmes

En dernière position de ce classement, nous retrouvons deux sociétés habituées aux problèmes financiers. Depuis des années, la banque allemande **Commerzbank** est dans une restructuration permanente, et le laboratoire américain **Novavax** enchaîne les retards et les promesses non tenues. Dans les deux cas, la perte sur vingt ans est aux alentours de –80 %. Être une société durable n'empêche pas d'être en perte !

Actif	Rentabilité annuelle	Rentabilité sur 20 ans	Volatilité annuelle	Bêta sur 20 ans
COMMERZBANK AG	-6,45 %	-73,66 %	45,11 %	1,50
NOVAVAX INC.	-12,52 %	-93,11 %	100,56 %	0,80

Les banques : hypercycliques

Parmi les sociétés les plus cycliques (avec un bêta entre 1,46 et 1,77), il y a trois banques : **Société Générale SA**, **Commerzbank AG** et **BNP Paribas SA**. Ceci s'explique par le modèle économique des banques. Lorsque l'économie est en croissance, les banques peuvent faire des montages financiers extrêmement rentables et gonfler leurs marges. Cependant, lorsque la croissance économique ralentit, les banques sont souvent en première ligne ; et si la situation s'envenime, elles peuvent même faire faillite.

Actif	Rentabilité annuelle	Rentabilité sur 20 ans	Volatilité annuelle	Bêta sur 20 ans
SOCIÉTÉ GÉNÉRALE SA	1,42 %	32,58 %	38,10 %	1,77
COMMERZBANK AG	-6,45 %	-73,66 %	45,11 %	1,50
BNP PARIBAS SA	7,27 %	307,07 %	31,68 %	1,45

Très engagé !

Telus fait partie des quatre grands opérateurs télécom du Canada et est extrêmement engagé dans la transition écologique. Par exemple, presque 70 % de ses besoins en électricité sont comblés par des énergies renouvelables ou à faibles émissions. Autre exemple, la société a planté plus de 11 millions d'arbres. Enfin, elle a créé un fonds axé sur les solutions à long terme : le Fonds pollinisateur. En plus de toutes ces initiatives, elle a offert plus de 14 % de performance par an en moyenne depuis 2002.

Actif	Rentabilité annuelle moyenne	Rentabilité sur 20 ans	Volatilité annuelle	Bêta sur 20 ans
TELUS CORP.	14,72 %	1 458,30 %	20,43 %	0,43

Les idées qui font la différence

Ecolab est une société américaine spécialisée dans les technologies liées à l'eau pour l'hôtellerie et la restauration. Récemment, elle a inventé une gamme de détergents solides pour les lave-vaisselle de restaurants. Quinze litres de détergent conventionnel sont ainsi condensés en 4,5 kg de capsules solides. C'est autant de place gagnée et d'emballage en moins. **Ecolab** a gagné plus de 13 % par an en moyenne sur les vingt dernières années.

Actif	Rentabilité annuelle moyenne	Rentabilité sur 20 ans	Volatilité annuelle	Bêta sur 20 ans
ECOLAB INC.	13,03 %	1 059,12 %	19,45 %	0,62

Le spécialiste français de l'énergie

Schneider Electric est une multinationale cotée à Paris spécialisée dans la gestion de l'énergie et de l'automatisation. Actuellement, elle aide plus de 1 000 fournisseurs à réduire de moitié leurs émissions de CO_2 d'ici 2025. C'est donc l'une des sociétés françaises les mieux préparées aux futurs défis de la transition climatique.

Actif	Rentabilité annuelle moyenne	Rentabilité sur 20 ans	Volatilité annuelle	Bêta sur 20 ans
SCHNEIDER ELECTRIC SE	14,31 %	1 352,20 %	23,56 %	1,01

Le Suisse très engagé

Dans les années 2000, **Swatch Group**, le spécialiste suisse de la montre, a mis à disposition ses ingénieurs pour un incroyable projet durable. À l'initiative des Suisses Bertrand Piccard et André Borschberg (de l'École polytechnique fédérale de Lausanne), le défi était de faire un tour du monde en avion, mais sans aucun carburant. Le projet a donné naissance à Solar Impulse, un avion de 63 m d'envergure, pesant 1 700 kg et alimenté uniquement à l'énergie solaire. **Swatch Group** a réalisé les instruments de vol et d'atterrissage. Après une année de vol, 17 étapes, 43 041 km parcourus, Solar Impulse a achevé avec succès son tour du monde le 26 juillet 2016, en atterrissant à Abou Dabi. Quel événement pour promouvoir l'énergie solaire !

Actif	Rentabilité annuelle moyenne	Rentabilité sur 20 ans	Volatilité annuelle	Bêta sur 20 ans
SWATCH GROUP AG	4,74 %	152,50 %	27,03 %	0,93

Un étrange paradoxe

Vestas Wind Systems est une entreprise danoise spécialisée dans la fabrication d'éoliennes. Dans une liste de valeurs écologiques, il n'est pas incohérent de retrouver ce type d'activité. Cependant, d'un point de vue statistique, son profil est très risqué. Sa volatilité annuelle est supérieure à 49 % et son bêta proche de 1. Pourquoi tant de corrélation avec l'économie ? Il se peut que la raison soit la suivante : les projets d'énergie éoliens nécessitent souvent des subventions gouvernementales. Or, lorsque l'économie entre en récession, les politiques coupent généralement ce type de subventions et le secteur de l'énergie renouvelable s'affaisse.

Actif	Rentabilité annuelle	Rentabilité sur 20 ans	Volatilité annuelle	Bêta sur 20 ans
VESTAS WIND SYSTEMS A/S	11,51 %	783,11 %	49,03 %	1,06

Un champion caché

Severn Trent cumule beaucoup de bons points : une rentabilité supérieure à 10 %, un risque maîtrisé et une quasi-indépendance des cycles économiques (bêta de 0,27). Fondée en 1974, cette société fournit de l'eau potable à des millions de clients au Royaume-Uni. Elle est également responsable du traitement des eaux usées. Or, il n'est pas incohérent qu'un gestionnaire des eaux soit performant dans toutes les conditions économiques : même en période de récession, l'eau reste un élément vital.

Actif	Rentabilité annuelle	Rentabilité sur 20 ans	Volatilité annuelle	Bêta sur 20 ans
SEVERN TRENT PLC	10,33 %	614,54 %	19,78 %	0,27

Le portefeuille gagnant avec les sociétés écologiques

Pour viser 15 % en moyenne par an avec un risque minimisé et des sociétés écologiques, voici un portefeuille markovien. Il est composé de onze actions.

Actif	Pondération dans le portefeuille	Rentabilité annuelle moyenne	Volatilité annuelle	Bêta
MCCORMICK & CO. INC.	14 %	10,95 %	17,94 %	0,31
TELUS CORP.	14 %	14,72 %	20,43 %	0,43
GILEAD SCIENCES INC.	12 %	15,80 %	25,81 %	0,40
MERCK KGAA	10 %	15,98 %	24,54 %	0,60
ECOLAB INC.	10 %	13,03 %	19,45 %	0,62

Actif	Pondération dans le portefeuille	Rentabilité annuelle moyenne	Volatilité annuelle	Bêta
DANAHER CORP.	10 %	16,91 %	19,37 %	0,57
ASTRAZENECA PLC	10 %	11,04 %	21,59 %	0,54
DASSAULT SYSTÈMES SE	5 %	17,70 %	25,72 %	0,82
SEVERN TRENT PLC	5 %	10,33 %	19,78 %	0,27
SCHNEIDER ELECTRIC SE	5 %	14,31 %	23,69 %	1,01
APPLE INC.	5 %	36,83 %	32,67 %	0,90
Total	100 %	15,14 %	~~22,06 %~~	0,53
	Véritable volatilité annuelle ⇒		12,14 %	
	Économie de risque		44,98 %	

La rentabilité annuelle moyenne de ce portefeuille est de 15,14 % et sa volatilité annuelle, de 12,14 %. Or, théoriquement, sa volatilité devrait être de 22,06 % par an. La diversification markovienne a donc permis de baisser le risque de plus de 44 % !

Ce portefeuille markovien est parfaitement positionné entre diversification et durabilité :

- d'un côté, beaucoup de secteurs sont représentés avec les télécommunications (**Telus**), les technologies (**Apple**), les services publics (**Severn Trent PLC**) et la santé (**Gilead Sciences**) ;
- de l'autre, toutes ces sociétés sont proactives pour faire face aux défis écologiques de demain.

L'ensemble combine un portefeuille à la fois résilient et durable à long terme.

François trouve ce portefeuille parfait. Dans un avenir proche, les gouvernements vont durcir les règles. Que ce soit au niveau de la durabilité des produits, des ressources ou des labels, les pressions gouvernementales vont s'intensifier. Or, les sociétés de ce portefeuille ont toutes les chances d'éviter des amendes ou des scandales à moyen terme. Mieux encore, ce portefeuille est écologique sans rogner sur une performance ambitieuse ! Il vise 15 % par an en moyenne.

Chapitre 11

Gagner avec les obligations d'entreprise

Ça devient très difficile ! En janvier, Aurore a vu son loyer augmenter de 30 €. En février, son assurance a pris 30 € également. En mars, elle a constaté une hausse de 40 € sur ses dépenses alimentaires. En trois mois, elle doit payer 100 € de plus ! Et il est probable que cette série d'augmentations va continuer en avril, en mai, en juin et ainsi de suite. L'inflation semble être sans fin.

Aurore n'a pas le choix, elle doit sérieusement trouver un moyen d'augmenter ses revenus. Pour cela, elle a pensé à investir dans des obligations d'entreprises. Son idée est la suivante : toucher un revenu tous les ans pour compenser la perte de son pouvoir d'achat.

Dans ce chapitre, je vais donc vous présenter une stratégie d'investissement passive basée sur l'obtention de coupons.

Dans la première partie, je définirai trois notions essentielles dans cette stratégie : le coupon, la maturité et le niveau de risque. Cela vous permettra de comprendre ce qu'est une obligation d'entreprise, comment elle fonctionne et quels sont ses avantages.

Dans la deuxième partie, je dresserai une liste de 140 obligations d'entreprise. Vous découvrirez quelle société offre le plus haut coupon, quelle société offre le plus faible, quelle obligation est stable ou cyclique, etc.

Enfin, je vous présenterai un portefeuille markovien composé d'obligations d'entreprises. Ce portefeuille sera à la fois parfaitement diversifié et conçu pour vous offrir des coupons chaque année.

Obtenez des rendements chaque année

Selon la légende, la première obligation d'entreprise a plus de quatre cents ans. Aux alentours de 1600, la Compagnie néerlandaise des Indes orientales souhaitait entreprendre une vaste expédition commerciale vers l'Asie. N'ayant pas les moyens de son ambition, n'étant pas suivie par les banques ni par des financeurs privés, la compagnie demanda directement un financement au public. Cette demande se fit à travers l'émission d'une obligation qui promettait le *deal* suivant : si le bateau revenait de l'expédition, alors tous les possesseurs d'obligations seraient remboursés de leur investissement, auquel s'ajouterait un paiement fixé au départ, le coupon. Le bateau est revenu de son expédition et cette idée financière s'est répandue dans le monde.

Avec le temps, l'idée de l'obligation est restée tout en comportant une légère nuance : le coupon est payé tous les ans et non à la fin du projet. Ainsi, lorsqu'une entreprise doit lever des fonds pour lancer un projet, elle émet des obligations. Ces obligations sont achetées par des investisseurs qui reçoivent un coupon durant la vie du projet et, à l'échéance, l'entreprise rembourse le prix de départ de l'obligation. De cette manière, tout le monde est gagnant : l'obligation est une source de financement stable pour les projets de l'entreprise et une source de revenus prévisible pour l'investisseur.

Où trouver des obligations d'entreprises ?

Malheureusement, il est difficile pour le particulier de trouver des obligations d'entreprises. Cela s'explique en partie par le fait que ces transactions se déroulent sur le marché obligataire, principalement accessible aux professionnels. Pour accéder à ce marché, vous devez vous tourner vers les banques en ligne et notamment vers Trade Republic.

Pour plus de confort, nous allons décrypter une obligation d'entreprise proposée par Trade Republic : l'obligation FR001400DNF5 / Bouygues / 4,93 % / échéance 30/06/2042.

Cette obligation a le numéro : FR001400DNF5. Elle a été émise par Bouygues, offre un coupon de 4,93 % et arrivera à échéance le 30 juin 2042. Cela signifie que si vous décidez d'acheter cette obligation, Bouygues s'engage à vous verser un coupon annuel de 4,93 % sur le montant que vous avez investi jusqu'au 30 juin 2042. Par exemple, si vous avez acheté 1 000 € de cette obligation, Bouygues s'engage à vous payer 49,30 € par an et à vous rembourser 1 000 € le 30 juin 2042. Cependant, si Bouygues fait faillite avant le 30 juin 2042, alors vous aurez perdu 1 000 €.

Il est important de noter la chose suivante : lorsque vous achetez une obligation, le coupon est fixé pour toute la durée de vie de l'obligation. Mais tant que vous n'avez pas acheté l'obligation, le coupon peut être actualisé. Par exemple, au moment où vous allez lire ces pages, l'obligation FR001400DNF5 proposée par Bouygues offrira peut-être un coupon à 5,50 % ou 3,90 % (à la place des 4,93 % à l'heure où j'écris ces lignes). Une fois acheté, par contre, le coupon est fixé.

Au total, il y a 140 obligations d'entreprises chez Trade Republic.

140 obligations d'entreprises concernées

Voici la liste des 140 obligations des sociétés qui ont au moins vingt années de cotation.

Actif	Rendement annuel	Échéance	Bêta
2025XS2078696866 Grenke Finance	6,29 %	09/01/2025	0,89
2025XS2155486942 Grenke Finance	5,82 %	09/07/2025	0,89
2042FR001400DNF5 Bouygues	4,93 %	30/06/2042	0,95
2030XS2643320109 Porsche Holding	4,78 %	27/09/2030	1,23
2032XS2577874782 Heidelberg Materials	4,72 %	31/05/2032	1,28
2033XS2630111719 Bayer	4,71 %	26/05/2033	1,01
2029XS2343822503 Volkswagen Leasing	4,67 %	19/07/2029	1,32
2029XS2282095970 Volkswagen Leasing	4,58 %	12/01/2029	1,32
2030XS1167667283 Volkswagen International Financial	4,57 %	16/01/2030	1,32

Actif	Rendement annuel	Échéance	Bêta
2035XS2584685387 RWE	4,55 %	13/02/2035	0,76
2028XS2438616240 Volkswagen Financial Services	4,50 %	31/01/2028	1,32
2033XS2412044641 RWE	4,42 %	26/11/2033	0,76
2027DE000A351WB9 Sixt	4,40 %	09/10/2027	1,39
2026XS2014291616 Volkswagen Leasing	4,37 %	19/06/2026	1,32
2031DE000A2YN2V0 Hochtief	4,32 %	03/09/2031	1,43
2028XS2324724645 Fraport	4,31 %	31/03/2028	1,13
2026XS2343822842 Volkswagen Leasing	4,30 %	20/07/2026	1,32
2024DE000A2TEDB8 Thyssenkrupp	4,30 %	22/02/2024	1,52
2028XS2634687912 Bank of America	4,28 %	12/06/2028	1,19
2028XS2152061904 Volkswagen Financial Services	4,27 %	06/04/2028	1,32
2025XS1642590480 Volkswagen Leasing	4,27 %	20/01/2025	1,32
2025XS1854532949 Fresenius Medical Care	4,23 %	11/07/2025	0,81
2029XS2630112014 Bayer	4,23 %	26/08/2029	1,01
2025XS1936208252 Fresenius	4,22 %	15/02/2025	0,81
2025XS1529515584 Heidelberg Materials	4,22 %	07/02/2025	1,28
2025XS2482872418 Fresenius	4,21 %	24/05/2025	0,81
2031XS1362373224 Goldman Sachs	4,21 %	12/02/2031	1,09
2025DE000A2LQ5M4 Hochtief	4,21 %	03/07/2025	1,43
2028XS1861206636 Goldman Sachs	4,19 %	01/11/2028	1,09
2027XS2198879145 Fraport	4,14 %	09/07/2027	1,13
2025XS1180256528 Morgan Stanley	4,14 %	30/01/2025	1,19

Actif	Rendement annuel	Échéance	Bêta
2028FR001400D0F9 Carrefour	4,12 %	12/10/2028	0,76
2028XS2292954893 Goldman Sachs	4,11 %	26/01/2028	1,09
2025XS1865186677 Volkswagen Leasing	4,11 %	15/08/2025	1,32
2027XS2530444624 Fresenius Medical Care	4,10 %	20/09/2027	0,81
2025XS2149207354 Goldman Sachs	4,09 %	27/03/2025	1,09
2027XS2643320018 Porsche Holding	4,09 %	27/09/2027	1,23
2027XS2558972415 Continental	4,08 %	30/11/2027	1,55
2026XS2178769076 Fresenius Medical Care	4,07 %	29/05/2026	0,81
2035XS2625968776 BMW Finance	4,07 %	22/05/2035	1,11
2024DE000A2G9 HU0 Sixt	4,07 %	21/02/2024	1,39
2024XS1116263325 Goldman Sachs	4,04 %	30/09/2024	1,09
2024XS1692347526 Volkswagen Leasing	4,04 %	04/04/2024	1,32
2024XS1614198262 Goldman Sachs	4,02 %	15/05/2024	1,09
2025XS2152062209 Volkswagen Financial Services	4,02 %	06/04/2025	1,32
2029XS2584685031 RWE	4,01 %	13/02/2029	0,76
2025XS1686846061 Anglo American	4,01 %	18/09/2025	0,94
2028XS1796209010 Goldman Sachs	4,01 %	22/03/2028	1,09
2028XS2615940215 Porsche Holding	4,00 %	27/09/2028	1,23
2026XS1589806907 Heidelberg Materials	4,00 %	07/04/2026	1,28
2027XS2152329053 Fresenius	3,99 %	08/10/2027	0,81
2026XS2084497705 Fresenius Medical Care	3,97 %	30/11/2026	0,81
2025XS1509006380 Goldman Sachs	3,96 %	01/05/2025	1,09

Actif	Rendement annuel	Échéance	Bêta
2025XS2438615606 Volkswagen Financial Services	3,96 %	31/01/2025	1,32
2024XS1972548231 Volkswagen Financial Services	3,96 %	01/10/2024	1,32
2025XS2463505581 E.ON	3,95 %	08/01/2025	0,79
2025XS2609431031 BMW Finance	3,95 %	06/04/2025	1,11
2024XS1719154574 Diageo Finance	3,94 %	19/06/2024	0,32
2025DE000SYM7720 Symrise	3,94 %	29/11/2025	0,72
2025XS1595704872 E.ON International Finance	3,94 %	13/04/2025	0,78
2028XS2621007231 Booking Holdings	3,94 %	12/11/2028	1,09
2025DE000A289RN6 Mercedes Benz Finance	3,94 %	07/04/2025	1,36
2024XS1068871448 BNP Paribas	3,94 %	20/05/2024	1,45
2027XS1972547696 Volkswagen Financial Services	3,93 %	01/10/2027	1,32
2024XS0982019126 E.ON International Finance	3,92 %	17/01/2024	0,78
2024XS2154336338 Heidelberg Materials	3,92 %	09/10/2024	1,28
2033FR0000471930 Orange	3,90 %	28/01/2033	0,61
2025XS2197673747 MTU Aero Engines	3,90 %	01/07/2025	1,07
2025XS1218821756 ABN Amro	3,89 %	16/04/2025	1,25
2024XS1425274484 Heidelberg Materials	3,89 %	03/06/2024	1,28
2026XS1893631769 Volkswagen Financial Services	3,89 %	16/10/2026	1,32
2030XS2047500926 E.ON	3,88 %	28/02/2030	0,79
2025XS2447561403 BMW Finance	3,87 %	22/02/2025	1,11
2025XS1820748538 Lanxess	3,87 %	16/05/2025	1,46

Actif	Rendement annuel	Échéance	Bêta
2028XS2574873266 E.ON	3,86 %	12/01/2028	0,79
2024XS2198798659 Fraport	3,86 %	09/07/2024	1,13
2026XS2630111982 Bayer	3,85 %	26/08/2026	1,01
2024XS1015217703 BMW Finance	3,85 %	17/01/2024	1,11
2025XS1589881785 BMW Finance	3,84 %	03/04/2025	1,11
2024XS1548436473 BMW Finance	3,83 %	12/07/2024	1,11
2024XS1955187692 Siemens Finance	3,83 %	28/02/2024	1,16
2024DE000A3 H 2UX0 Sixt	3,83 %	09/12/2024	1,39
2026XS2433244089 E.ON	3,82 %	18/01/2026	0,79
2025FR0013259413 Société Générale	3,81 %	02/06/2025	1,77
2026XS1074144871 Goldman Sachs	3,80 %	03/06/2026	1,09
2027DE000A3LBMY2 Mercedes Benz Finance Canada	3,80 %	23/02/2027	1,36
2025XS1873143645 BMW Finance	3,78 %	29/08/2025	1,11
2024XS1396261338 BMW Finance	3,78 %	15/04/2024	1,11
2026XS2178586157 Continental	3,78 %	27/08/2026	1,55
2025FR001400 HJE7 LVMH	3,77 %	21/10/2025	1,06
2026XS1458408561 Goldman Sachs	3,77 %	27/07/2026	1,09
2027DE000A194DE7 Mercedes Benz Finance	3,77 %	09/02/2027	1,36
2026DE000A3LH6T7 Mercedes Benz Finance	3,77 %	30/05/2026	1,36
2024XS1910245676 BMW Finance	3,76 %	14/11/2024	1,11
2024DE000A11QSB8 Mercedes Benz	3,74 %	08/07/2024	1,36
2024XS1147605791 GlaxoSmithKline Capital	3,73 %	02/12/2024	0,32
2026XS2188805688 Covestro	3,72 %	03/02/2026	1,12
2026XS2069380991 E.ON	3,71 %	24/10/2026	0,79

Actif	Rendement annuel	Échéance	Bêta
2024XS0418669429 Totalenergies Capital	3,71 %	26/03/2024	0,84
2030DE000A289XG8 Mercedes Benz	3,70 %	22/05/2030	1,36
2026XS2625968693 BMW Finance	3,68 %	22/11/2026	1,11
2025XS2555178644 Adidas	3,67 %	21/11/2025	0,77
2024XS0862952297 DHL Group	3,66 %	11/12/2024	1,10
2024XS0857662448 McDonald's	3,65 %	27/11/2024	0,45
2030XS0553728709 Deutsche Telekom International Finance	3,65 %	28/10/2030	0,63
2025XS2152899584 E.ON	3,65 %	07/10/2025	0,79
2033XS2595412631 Nestlé Finance	3,64 %	13/03/2033	0,28
2027XS2530219349 Henkel	3,64 %	13/09/2027	0,55
2025XS1168962063 BMW Finance	3,64 %	21/01/2025	1,11
2025DE000A2DADM7 Mercedes Benz Finance	3,64 %	28/02/2025	1,36
2025XS1654192191 Unilever	3,63 %	31/07/2025	0,33
2027XS1557095616 Deutsche Telekom International Finance	3,63 %	30/01/2027	0,63
2026XS1823246803 BMW Finance	3,63 %	22/05/2026	1,11
2024XS0758420748 Heineken	3,62 %	19/03/2024	0,63
2026DE000A2AAL31 Mercedes Benz Finance	3,60 %	09/03/2026	1,36
2028XS1382791975 Deutsche Telekom International Finance	3,59 %	03/04/2028	0,63
2026DE000A289XJ2 Mercedes Benz Finance	3,58 %	22/08/2026	1,36
2026DE000A2RYD91 Mercedes Benz Finance	3,58 %	26/06/2026	1,36
2026XS2010447238 BMW Finance	3,55 %	13/07/2026	1,11

Actif	Rendement annuel	Échéance	Bêta
2024XS1014610254 Volkswagen Leasing	3,53 %	15/01/2024	1,32
2025DE000A190NE4 Mercedes Benz Finance	3,52 %	11/11/2025	1,36
2024DE000A194DD9 Mercedes Benz Finance	3,51 %	09/04/2024	1,36
2026XS1829217345 E.ON International Finance	3,46 %	30/05/2026	0,78
2027XS1734533372 DHL Group	3,45 %	13/12/2027	1,10
2027XS2595410775 Nestlé Finance	3,44 %	13/12/2027	0,28
2026XS2148372696 Nestlé Finance	3,44 %	01/04/2026	0,28
2027XS2462321212 Nestlé Finance	3,43 %	29/03/2027	0,28
2028XS0875797515 Deutsche Telekom International Finance	3,43 %	17/01/2028	0,63
2027XS2195096420 Symrise	3,34 %	01/07/2027	0,72
2027FR0013267473 Crédit Agricole	3,33 %	02/08/2027	1,48
2028XS2555196463 Nestlé Finance	3,28 %	15/03/2028	0,28
2024DE000A169G15 Mercedes Benz	3,25 %	12/01/2024	1,36
2028DE000A1UDWN5 Siemens Finance	3,21 %	10/03/2028	1,16
2027XS1874128033 Siemens Finance	3,09 %	06/09/2027	1,16
2025DE000A14J587 thyssenkrupp	3,06 %	25/02/2025	1,52
2028XS1397134609 Linde Finance	3,04 %	20/04/2028	0,65
2024XS1069836077 Linde Finance	3,03 %	22/05/2024	0,65
2025DE000A14KJF5 SAP	2,92 %	01/04/2025	1,03
2026XS1388661735 DHL Group	2,81 %	01/04/2026	1,10
2027DE000A13SL34 SAP	2,33 %	22/02/2027	1,03

Le maximum offert !

Les deux obligations d'entreprises les plus rémunératrices de ce classement sont émises par **Grenke Finance**. C'est une société allemande fondée en 1978, spécialisée dans les services financiers pour les petites et moyennes entreprises (PME). Les deux obligations proposées par **Grenke Finance** offrent un coupon aux alentours de 6 %. Aussi, elles ont quasiment la même échéance (2025).

Actif	Rendement annuel	Échéance	Bêta
2025XS2078696866 Grenke Finance	6,29 %	09/01/2025	0,89
2025XS2155486942 Grenke Finance	5,82 %	09/07/2025	0,89

Et le minimum offert !

De l'autre côté, les obligations les moins rémunératrices de ce classement sont émises par **DHL Group** et **SAP**. **DHL Group** est une entreprise de logistique internationale bien établie, et **SAP** est un géant mondial des logiciels d'entreprise. Leurs obligations offrent un intérêt aux alentours de 2,5 %. Entre **Grenke Finance** et **SAP**, nous pouvons donc conclure que les obligations d'entreprises offrent un coupon entre 2,5 % et 6 % par an.

Actif	Rendement annuel	Échéance	Bêta
2026XS1388661735 DHL Group	2,81 %	01/04/2026	1,10
2027DE000A13SL34 SAP	2,33 %	22/02/2027	1,03

Simple et efficace

L'obligation d'entreprise avec le plus faible bêta est celle de **Nestlé Finance** (0,28). **Nestlé** est connu pour être peu sensible aux turbulences de marché par rapport à d'autres actions. Que l'économie soit en croissance ou en récession, l'agroalimentaire reste prioritaire. Aussi, les cinq obligations émises par **Nestlé** offrent un intérêt proche de 3,50 % par an.

Actif	Rendement annuel	Échéance	Bêta
2033XS2595412631 Nestlé Finance	3,64 %	13/03/2033	0,28
2027XS2595410775 Nestlé Finance	3,44 %	13/12/2027	0,28
2026XS2148372696 Nestlé Finance	3,44 %	01/04/2026	0,28
2027XS2462321212 Nestlé Finance	3,43 %	29/03/2027	0,28
2028XS2555196463 Nestlé Finance	3,28 %	15/03/2028	0,28

L'obligation la plus cyclique

L'obligation émise par **Société Générale** est l'obligation avec le plus fort bêta de ce classement. Cette cyclicité est caractéristique des banques : leurs performances sont liées à la macroéconomie. À noter que l'obligation émise par **Société Générale** offre quasiment le même intérêt que celle de **Nestlé** (qui est pourtant beaucoup moins cyclique).

Actif	Rendement annuel	Échéance	Bêta
2025FR0013259413 Société Générale	3,81 %	02/06/2025	1,77

L'obligation la plus longue

Bouygues a émis une obligation dont la durée court jusqu'en 2042. Il s'agit de la plus longue durée de cette liste et elle offre un intérêt de presque 5 % par an. Dit autrement, pendant les dix-huit prochaines années, l'investisseur touchera 5 % chaque année et un remboursement en juin 2042 de son investissement (si **Bouygues** ne fait pas faillite dans l'intervalle).

Actif	Rendement annuel	Échéance	Bêta
2042FR001400DNF5 Bouygues	4,93 %	30/06/2042	0,95

L'obligation la plus courte

L'obligation à échéance du 12 janvier 2024 émise par **Mercedes Benz** a sans doute été déjà remboursée au moment où vous lirez ces lignes. Mais pas d'inquiétude, de nouvelles obligations sont émises quotidiennement. Les entreprises, y compris **Mercedes Benz**, émettent constamment de nouvelles obligations pour lever des fonds. Pour vous, c'est autant d'opportunités pour les prochaines années.

Actif	Rendement annuel	Échéance	Bêta
2024DE000A169G15 Mercedes Benz	3,25 %	12/01/2024	1,36

Le portefeuille gagnant avec les obligations d'entreprises

Après avoir analysé cette liste, il est clair qu'il est impossible d'établir un portefeuille markovien pour viser 15 % par an en moyenne. Effectivement, la rémunération des coupons étudiée est trop faible pour prétendre arriver à ce niveau de performance. Nous allons tout de même créer le portefeuille le plus rentable possible sous contrainte d'un risque minimisé. Ce portefeuille markovien est composé de dix obligations d'entreprises, achetées à hauteur de 10 % chacune.

Actif	Pondération dans le portefeuille	Rendement annuel	Échéance	Bêta
Obligation mars 2033XS2595412631 Nestlé Finance	10 %	3,64 %	13/03/2033	0,28
Obligation déc. 2024XS1147605791 GlaxoSmithKline Capital	10 %	3,73 %	02/12/2024	0,32
Obligation juin 2024XS1719154574 Diageo Finance	10 %	3,94 %	19/06/2024	0,32
Obligation nov. 2024XS0857662448 McDonald's	10 %	3,65 %	27/11/2024	0,45
Obligation janv. 2033FR0000471930 Orange	10 %	3,90 %	28/01/2033	0,61
Obligation juil. 2025XS1654192191 Unilever	10 %	3,63 %	31/07/2025	0,33

Actif	Pondération dans le portefeuille	Rendement annuel	Échéance	Bêta
Obligation sept. 2027XS2530219349 Henkel	10 %	3,64 %	13/09/2027	0,55
Obligation oct. 2030XS0553728709 Deutsche Telekom International Finance	10 %	3,65 %	28/10/2030	0,63
Obligation mars 2024XS0758420748 Heineken	10 %	3,62 %	19/03/2024	0,63
Obligation févr. 2035XS2584685387 RWE	10 %	4,55 %	13/02/2035	0,76
Total	100 %	3,80 %		0,50

Le coupon annuel de ce portefeuille est de 3,80 % avec un bêta de 0,50.

Ce portefeuille markovien a beaucoup d'avantages ! Tous les ans, il donne quasiment 4 % de paiements à son investisseur et, à échéance, il rembourse le capital de départ. Pour maximiser les chances d'être remboursé, le portefeuille multiplie les sociétés leaders sur leur marché. À moyen terme, il y a peu de risques qu'au même moment **Nestlé**, **Diageo**, **McDonald's**, **Orange** et les autres fassent faillite. L'ensemble est donc quasiment indépendant des cycles économiques au bénéfice des coupons qui seront offerts chaque année.

Pour Aurore, ce portefeuille met toutes les chances de son côté d'encaisser un paiement annuel de la part de toutes ces multinationales. Concrètement, en achetant 10 000 € de cette allocation, Aurore se donne l'opportunité d'obtenir 400 € par an jusqu'à échéance et, à ce moment-là, elle sera remboursée de 10 000 €.

Chapitre 12

Gagner avec les cryptomonnaies

En 2015, Vitalik Buterin a lancé sa propre cryptomonnaie : l'Ethereum. Il s'agissait de la première cryptomonnaie de contrats intelligents. En 2021, la fortune privée de Vitalik Buterin était estimée à 1,6 milliard de dollars, et ceux qui avaient investi tôt avec lui sont devenus, au minimum, millionnaires en quelques années. Quel parcours !

Lucien a 62 ans et se sent déjà dépassé pour participer à la potentielle crypto-révolution qui arrive. Cependant, il veut faire quelque chose pour ses petits-enfants. Il souhaite acheter 1 000 € de cryptomonnaie à chacun de ses petits-enfants et bloquer les montants jusqu'à leur majorité. Si cet achat s'envole, alors ses petits-enfants auront un beau jackpot pour se payer une voiture ou un voyage après leurs études.

Dans ce chapitre, nous étudierons donc une stratégie d'investissement passive basée sur les cryptomonnaies.

Dans la première partie, nous verrons ce qu'est une cryptomonnaie et le fait que pour construire notre portefeuille markovien, nous serons obligés de viser une ambition de 30 % par an au lieu des 15 % habituels.

Dans la deuxième partie, je vous présenterai une liste de 35 cryptomonnaies. Nous les détaillerons en présentant leurs caractéristiques, leurs cas d'utilisation et leurs statistiques historiques.

Enfin, je vous proposerai un portefeuille markovien visant un rendement de 30 % par an. Ce portefeuille combinera le potentiel des opportunités des cryptomonnaies et une diversification optimale.

Entre révolution numérique et opportunités explosives

Les cryptomonnaies sont une nouvelle classe d'actifs dont le premier représentant est le bitcoin. Avant d'être un objet de spéculation, une cryptomonnaie est une monnaie numérique sur Internet, indépendante des réseaux bancaires et liée à un système de cryptage. Plus précisément, une cryptomonnaie est caractérisée par trois éléments : la décentralisation, la *blockchain* et l'accessibilité privée :

- contrairement aux monnaies traditionnelles émises par des institutions financières et régulées par des gouvernements, les cryptomonnaies fonctionnent sur des réseaux décentralisés. Cette absence de contrôle centralisé représente un changement fondamental dans la manière dont la confiance et la vérification des transactions sont établies ;
- chaque transaction est enregistrée *via* une technologie *blockchain* de registre de manière permanente et accessible à tous les participants du réseau. Elle garantit la transparence, la sécurité et l'immutabilité des transactions ;
- *via* Internet, n'importe qui, où qu'il se trouve dans le monde, peut acheter, vendre et échanger des cryptomonnaies.

Même sans Internet, les utilisateurs des cryptomonnaies ont un contrôle direct sur leurs actifs. Les clés privées, qui permettent d'accéder et de transférer des fonds, sont détenues par les utilisateurs eux-mêmes.

Attention, tout de même !

Toutes les statistiques de ce livre sont basées sur une récolte de données supérieure à vingt années. Or, la plupart des cryptomonnaies n'ont pas vingt ans de cotation. Exceptionnellement, nous nous contenterons de moins. Pour chaque cryptomonnaie, j'ai mis entre parenthèses la date de début des données. En d'autres termes, comme les données sont seulement sur quelques années, les résultats seront à prendre avec beaucoup de vigilance.

Aussi, pour nous aligner avec les performances, nous allons exceptionnellement passer la contrainte de performance du portefeuille markovien de 15 % par an à 30 % par an.

Au total, il y a 25 cryptomonnaies.

25 cryptomonnaies concernées

Voici la liste des 25 cryptomonnaies concernées et le début de leurs cotations respectives.

Actif (date de début de données)	Rentabilité annuelle moyenne	Volatilité annuelle	Bêta sur la période
Solana (01/08/2020)	240,63 %	268,61 %	3,19
Aave (01/02/2018)	197,30 %	1 942,15 %	8,04
Axie Infinity (01/12/2020)	154,97 %	407,07 %	5,05
Polygon (01/07/2019)	126,18 %	268,61 %	4,72
Bitcoin (01/04/2012)	120,67 %	163,32 %	0,77
Ethereum (01/04/2016)	104,90 %	138,50 %	2,30
Monero (01/02/2015)	93,97 %	175,28 %	0,44
BNB (01/12/2017)	86,57 %	172,25 %	2,08
Dogecoin (01/07/2017)	77,52 %	366,46 %	0,97
Chainlink (01/03/2018)	75,48 %	153,34 %	1,79
Theta (01/03/2018)	52,60 %	189,57 %	2,38
Litecoin (01/09/2016)	50,41 %	118,01 %	1,63
Hedena (01/11/2019)	33,14 %	168,63 %	0,74
Stellar (01/07/2017)	25,85 %	204,77 %	2,37
Tron (01/01/2018)	21,22 %	108,96 %	1,74
Cronos (01/07/2019)	10,81 %	144,62 %	0,92
DAI (01/03/2018)	0,08 %	3,74 %	0,00
Cardano (01/01/2018)	-1,32 %	165,20 %	2,10
Eos (01/08/2017)	-9,80 %	166,18 %	1,51
Filecoin (01/03/2018)	-13,00 %	207,87 %	3,08
Tezos (03/01/2018)	-18,50 %	114,02 %	1,29
Vechain (01/11/2017)	-20,99 %	353,15 %	1,99
NEAR (01/10/2021)	-21,40 %	124,98 %	3,66
Uniswap (01/10/2021)	-26,67 %	94,92 %	2,51
Internet Computer (01/07/2021)	-40,27 %	147,61 %	3,02

Le classique

Créé en 2009, le **bitcoin** est l'une des premières monnaies décentralisées. Il a été créé par Satoshi Nakamoto, un pseudonyme cachant une personne ou, peut-être, un groupe de personnes. Depuis 2012, le **bitcoin** a offert une performance moyenne de 120 % par an chaque année pour un risque de 160 %. Son bêta est de 0,77 ; il est donc quasi autonome des cycles économiques.

Actif (date de données)	Rentabilité annuelle	Volatilité annuelle	Bêta sur la période
Bitcoin (01/04/2012)	120,67 %	163,32 %	0,77

L'autre classique

L'**Ethereum** est une *blockchain* qui permet aux développeurs de construire et de déployer des applications décentralisées. Il est également utilisé comme moyen de paiement pour les transactions sur la *blockchain* **Ethereum**.

Actif (date de données)	Rentabilité annuelle	Volatilité annuelle	Bêta sur la période
Ethereum (01/04/2016)	104,90 %	138,50 %	2,30

La crypto au service du luxe ?

Vechain est une *blockchain* qui a deux rôles : l'authentification des produits et le suivi des chaînes d'approvisionnement. L'information qu'elle contient est donc une information de traçage. Dans certains milieux où il y a des contrefaçons (comme le luxe), cette technologie peut avoir une valeur ajoutée. Malheureusement, **Vechain** est actuellement dans le rouge vif. Apparemment, elle n'a pas encore trouvé son modèle économique.

Actif (date de données)	Rentabilité annuelle	Volatilité annuelle	Bêta sur la période
Vechain (01/11/2017)	-20,99 %	353,15 %	1,99

Une monnaie virtuelle pour un monde virtuel

Axie Infinity est un jeu vidéo où les joueurs peuvent collectionner, élever et échanger des créatures virtuelles appelées Axies. L'originalité est que ces créatures peuvent être vendues. Le jeu a donc sa propre monnaie : **Axie Infinity**. Et depuis quatre ans, elle performe. Cependant, sa cyclicité est extrêmement élevée (un bêta de 5,05). Il est possible que le jeu soit soumis à la mécanique suivante : lorsque le pays est en croissance économique, une multitude de joueurs tentent l'expérience d'**Axie Infinity**, faisant grimper sa monnaie, et lorsque le pays entre en récession, le jeu est déserté par ses joueurs et la valeur de sa monnaie s'écroule.

Actif (date de données)	Rentabilité annuelle	Volatilité annuelle	Bêta sur la période
Axie Infinity (01/12/2020)	154,97 %	407,07 %	5,05

Le cas Polygon (Matic Network)

Polygon, anciennement connue sous le nom de Matic Network, est une cryptomonnaie de soutien à la *blockchain* **Ethereum**. Dans les faits, la *blockchain* **Ethereum** ne peut pas tout faire, et les utilisateurs ont ainsi la possibilité d'ajouter des options pour gagner en efficacité ou réduire les frais de transaction.

Encore une fois, c'est une cryptomonnaie qui performe, mais sa cyclicité est extrêmement élevée (un bêta de 4,72).

Actif (date de données)	Rentabilité annuelle	Volatilité annuelle	Bêta sur la période
Polygon (01/07/2019)	126,18 %	268,61 %	4,72

Très malin !

Le **BNB** est la cryptomonnaie émise par la plateforme de cryptomonnaies Binance. C'est donc une multinationale qui crée sa propre monnaie pour ses clients. On peut supposer que plus Binance aura de clients et plus le **BNB** va monter. À l'inverse, on peut supposer que si Binance fait faillite, alors le **BNB** disparaîtra dans la minute.

Actif (date de données)	Rentabilité annuelle	Volatilité annuelle	Bêta sur la période
BNB (01/12/2017)	86,57 %	172,25 %	2,08

Le bitcoin light !

Litecoin est une cryptomonnaie créée en 2011 par Charlie Lee, qui est souvent considérée comme une version plus légère du **bitcoin**. Elle offre des temps de confirmation de transaction plus rapides et utilise un algorithme de minage différent appelé Scrypt. Cependant, sa performance est deux fois inférieure à celle du **bitcoin**.

Actif (date de données)	Rentabilité annuelle	Volatilité annuelle	Bêta sur la période
Litecoin (01/09/2016)	50,41 %	118,01 %	1,63

Stablecoin ?

DAI est une *stablecoin* décentralisée basée sur la *blockchain* **Ethereum**. Elle est gérée par un système de contrats intelligents et a été conçue pour maintenir une valeur stable par rapport au dollar américain.

Actif (date de données)	Rentabilité annuelle	Volatilité annuelle	Bêta sur la période
DAI (01/03/2018)	0,08 %	3,74 %	0,00

Solana : la première ?

Première de ce classement, **Solana** offre plus de 240 % par an en moyenne depuis quatre ans !

La principale promesse de **Solana** est d'apporter un fonctionnement plus rapide et des frais de transaction moins élevés que sur la *blockchain* **Ethereum**. L'objectif est de réduire jusqu'à 99 % la quantité d'énergie requise et de permettre jusqu'à 100 000 opérations par seconde. La cryptomonnaie poursuit son développement, elle est soutenue par toute une équipe d'ingénieurs appelée Solana Labs.

Pour l'anecdote, cette équipe a créé un smartphone (Solana Saga), vendu en magasin, qui intègre habilement la technologie moderne des smartphones avec toutes les applications de **Solana**. L'engouement n'est pas encore au rendez-vous, mais notons l'initiative.

Actif (date de début de données)	Rentabilité annuelle	Volatilité annuelle	Bêta sur la période
Solana (01/08/2020)	240,63 %	268,61 %	3,19

Le portefeuille gagnant avec les cryptomonnaies

Après avoir étudié une vingtaine de cryptomonnaies, voici un portefeuille markovien pour viser 30 % en moyenne par an avec le minimum de risque. Ce portefeuille est uniquement composé de trois cryptomonnaies.

Actif	Pondération dans le portefeuille	Rentabilité annuelle moyenne	Volatilité annuelle	Bêta
DAI (01/03/2018)	80 %	0,08 %	3,74 %	0,00
Bitcoin (01/04/2012)	15 %	120,67 %	163,32 %	0,77
Solana (01/08/2020)	5 %	240,63 %	268,61 %	3,19
Total	100 %	30,20 %	~~40,92 %~~	0,28
	Véritable volatilité annuelle ⇒		34,42 %	
	Économie de risque		15,87 %	

La rentabilité annuelle moyenne de ce portefeuille est de 30,20 % et sa volatilité annuelle, de 34,42 %. Or, théoriquement, sa volatilité devrait être de 40,92 % par an. La diversification markovienne a donc permis de baisser le risque de plus de 15 % !

Phénomène intéressant, ce portefeuille gagnant n'est composé que de trois lignes alors qu'habituellement les portefeuilles gagnants sont composés d'au moins dix lignes. Ceci s'explique par le profil des 25 cryptomonnaies sélectionnées :

- un tiers des cryptomonnaies (**Cardano**, **Eos**, **Filecoin**, **Tezos**, **Vechain**, **NEAR**, **Uniswap** et **Internet Computer)** est dans le rouge depuis quelques années. Il ne peut donc pas entrer dans le portefeuille gagnant ;

- un autre tiers a une volatilité plus élevée que celle du **bitcoin**. Ce tiers n'a donc pas vraiment d'intérêt en termes de risques ;
- le dernier tiers (**Aave**, **Axie Infinity**, **Polygon**, **Ethereum**, **BNB**, **Chainlink**, **Theta**, **Litecoin** et **Stellar**) a un bêta extrêmement élevé. Il ne peut donc pas entrer dans le portefeuille gagnant.

Après élimination, il ne reste majoritairement qu'une cryptomonnaie pour viser 30 % de performance annuelle sereinement : le **bitcoin**.

Lucien est très content de cette conclusion ! En fait, il comprend que chaque cryptomonnaie a ses propres spécificités, mais que le **bitcoin** les surclasse toutes par son équilibre. Pour contribuer financièrement à l'avenir de ses petits-enfants, il décide donc de se tourner vers le **bitcoin**, le chef d'orchestre de tout ce marché. Il fait le choix d'un bon potentiel de croissance à long terme, de la popularité et du réseau mondial de ce dernier. En investissant dans le **bitcoin** pour ses petits-enfants, Lucien espère les mettre sur la voie du succès financier à long terme.

Chapitre 13

Gagner avec les ETF

Lorsque David est né, son grand-père lui a ouvert une assurance-vie avec quelques centaines d'euros. À sa majorité, David a été très surpris de constater qu'il y avait moins d'argent sur son assurance-vie, presque deux décennies plus tard, qu'au départ. Un ensemble de frais et de faibles performances ont, année après année, rogné son cadeau de naissance.

La situation est assez cocasse lorsqu'on sait qu'on peut investir sur des paniers d'actions performants et quasiment sans frais. David décide donc de reprendre en main la gestion de son assurance-vie. Pour capter en quelques clics la croissance naturelle des marchés, des dividendes et des entreprises partout à travers le monde, il choisit de passer par les ETF.

Dans ce chapitre, j'exposerai donc une stratégie d'investissement passive basée sur les ETF.

Dans la première partie, j'expliquerai ce qu'est un ETF, son fonctionnement, ses avantages et ses faiblesses.

Dans la deuxième partie, je présenterai une liste d'ETF fournie par BlackRock et Amundi. Nous y trouverons des ETF par pays, des ETF sectoriels et des ETF à classe d'actifs. Ce sera l'occasion de parler d'indices géographiques, de thèmes d'investissement, d'or, de pétrole et autres.

Enfin, je vous proposerai un portefeuille markovien composé d'ETF. Ce portefeuille sera parfait pour profiter, avec une diversification optimale, de la croissance globale des marchés.

Exploitez tous les avantages des ETF

En 1993, State Street Global Advisors, une société de gestion américaine, a eu une idée : permettre à ses clients d'investir, en une seule fois, sur les 500 plus grandes entreprises américaines. Cette initiative devait permettre aux clients d'obtenir instantanément une exposition aux performances du marché américain dans son ensemble. C'était la naissance du premier ETF : le SPDR S&P 500 ETF. Il deviendra le plus important ETF au monde en termes d'actifs sous gestion.

Après le succès de cette innovation financière, d'autres sociétés de gestion ont lancé leurs propres ETF. Certaines, comme BlackRock, se sont même spécialisées dans ce domaine. Aujourd'hui, BlackRock est le propriétaire d'iShares, l'une des plus grandes familles d'ETF au monde. Souvenez-vous, dans l'avant-propos de ce livre, de l'ETF-dividende qui a séduit Nicolas : l'ETF iShares Euro Dividend. Cet ETF fait partie de la gamme iShares. Il a donc été construit par BlackRock. Amundi est une autre société de gestion spécialisée dans la production d'ETF.

Pour vous donner un aperçu de l'ensemble du marché, je vous ai sélectionné 19 ETF chez BlackRock et Amundi. De cette manière, vous aurez une vaste gamme d'ETF. À noter qu'il s'agit de produits financiers, ils ont donc généralement un coût. Il est souvent inférieur à 1 % par an, mais sur vingt années, cela fait 20 %.

19 ETF concernés

Voici les 19 ETF sélectionnés.

Actif	Rentabilité annuelle	Rentabilité sur 20 ans	Volatilité annuelle	Bêta sur 20 ans
iShares STOXX Europe 600 Technology UCITS ETF (EXV3)	20,56 %	4 105 %	35,62 %	1,32
Lyxor UCITS ETF PEA MSCI INDIA C	15,86 %	1 798,12 %	21,33 %	0,76
iShares STOXX Europe 600 Health Care UCITS ETF (EXV4)	13,06 %	1 064 %	28,47 %	0,38
Amundi ETF PEA NASDAQ-100 UCITS ETF	12,98 %	1 048 %	18,70 %	0,83
iShares MSCI World UCITS ETF (IWRD)	12,22 %	903 %	17,73 %	0,69
Amundi DAX UCITS ETF Dist	9,07 %	467 %	19,63 %	1,05
iShares Physical Gold (SGLN)	9,00 %	460 %	17,09 %	-0,04
iShares Euro Dividend UCITS ETF (IDVY)	8,93 %	453 %	49,31 %	1,22
Amundi CAC 40 UCITS ETF	8,48 %	410 %	16,81 %	1,00
Amundi PEA Dow Jones Industrial Average UCITS ETF	7,94 %	361 %	14,78 %	0,70
iShares STOXX Europe 600 Automobiles & Parts UCITS ETF (EXV5)	7,92 %	360 %	37,14 %	1,16
iShares Physical Silver ETC (SSLN)	7,83 %	352 %	33,55 %	0,18

Actif	Rentabilité annuelle	Rentabilité sur 20 ans	Volatilité annuelle	Bêta sur 20 ans
iShares STOXX Europe 600 Food & Beverage UCITS ETF (EXH3)	7,43 %	319 %	13,86 %	0,35
iShares STOXX Europe 600 Telecommunications UCITS ETF (EXV2)	7,40 %	317 %	22,07 %	0,61
Amundi ETF PEA Japan Topix UCITS ETF	6,96 %	284 %	18,88 %	0,72
Amundi MSCI China A UCITS ETF Acc	5,09 %	170 %	29,24 %	0,38
iShares STOXX Europe 600 Banks UCITS ETF (EXV1)	4,56 %	144 %	32,76 %	1,30
Amundi MSCI Switzerland UCITS ETF – CHF	4,17 %	126 %	13,06 %	0,60
iShares $ Treasury Bond 20+yr UCITS (DTLA)	3,49 %	99 %	15,30 %	-0,08

Les ETF sectoriels

Dans cette sélection, il y a six ETF qui suivent des secteurs :

- d'abord, le **iShares STOXX Europe 600 Technology UCITS ETF (EXV3)**, qui suit la performance du secteur technologique en Europe. C'est d'ailleurs l'ETF le plus rentable sur les vingt dernières années ;
- puis, l'**iShares STOXX Europe 600 Health Care UCITS ETF (EXV4)**, qui cherche à reproduire la performance du secteur de la santé en Europe. Il a un bêta très faible, comme l'**iShares STOXX Europe 600 Food & Beverage UCITS ETF (EXH3)**, qui vise à reproduire la performance du secteur alimentaire et des boissons en Europe, ou l'**iShares**

STOXX Europe 600 Telecommunications UCITS ETF (EXV2);

- au contraire, l'**iShares STOXX Europe 600 Automobiles & Parts UCITS ETF (EXV5)** et l'**iShares STOXX Europe 600 Banks UCITS ETF (EXV1**) cherchent à refléter la performance du secteur de l'automobile et des banques qui ont un bêta assez élevé.

Dans cet échantillon d'ETF, on retrouve un bon résumé des secteurs défensifs et des secteurs cycliques.

Actif	Rentabilité annuelle	Rentabilité sur 20 ans	Volatilité annuelle	Bêta sur 20 ans
iShares STOXX Europe 600 Technology UCITS ETF (EXV3)	20,56 %	4 105 %	35,62 %	1,32
iShares STOXX Europe 600 Health Care UCITS ETF (EXV4)	13,06 %	1 064 %	28,47 %	0,38
iShares STOXX Europe 600 Automobiles & Parts UCITS ETF (EXV5)	7,92 %	360 %	37,14 %	1,16
iShares STOXX Europe 600 Food & Beverage UCITS ETF (EXH3)	7,43 %	319 %	13,86 %	0,35
iShares STOXX Europe 600 Telecommunications UCITS ETF (EXV2)	7,40 %	317 %	22,07 %	0,61
iShares STOXX Europe 600 Banks UCITS ETF (EXV1)	4,56 %	144 %	32,76 %	1,30

Les ETF nationaux

Avec les ETF, vous pouvez investir en un seul clic sur la croissance d'une zone géographique. Dans l'ordre, vous pouvez investir sur : le monde, l'Allemagne, la France, les États-Unis, le Japon, la Chine ou encore la Suisse. Statistiquement, l'investissement sur le monde a plus de performance et plus d'autonomie que celui sur les pays. C'est logique, dans la mesure où il prend le meilleur de chaque région prise individuellement.

Actif	Rentabilité annuelle	Rentabilité sur 20 ans	Volatilité annuelle	Bêta sur 20 ans
iShares MSCI World UCITS ETF (IWRD)	12,22 %	903 %	17,73 %	0,69
Amundi DAX UCITS ETF Dist	9,07 %	467 %	19,63 %	1,05
Amundi CAC 40 UCITS ETF	8,48 %	410 %	16,81 %	1,00
Amundi PEA Dow Jones Industrial Average UCITS ETF	7,94 %	361 %	14,78 %	0,70
Amundi ETF PEA Japan Topix UCITS ETF	6,96 %	284 %	18,88 %	0,72
Amundi MSCI China A UCITS ETF Acc	5,09 %	170 %	29,24 %	0,38
Amundi MSCI Switzerland UCITS ETF - CHF	4,17 %	126 %	13,06 %	0,60

L'ETF de Nicolas

Dans cette sélection, on retrouve l'ETF repéré par Nicolas dans l'avant-propos : l'**iShares Euro Dividend UCITS ETF (IDVY)**. Cet ETF est un panier d'actions de dividendes élevés en Europe. C'est aussi l'ETF avec le plus fort risque de cette sélection (volatilité proche de 50 %).

Actif	Rentabilité annuelle	Rentabilité sur 20 ans	Volatilité annuelle	Bêta sur 20 ans
iShares Euro Dividend UCITS ETF (IDVY)	8,93 %	453 %	49,31 %	1,22

Investir sur les bons du Trésor

L'**iShares $ Treasury Bond 20+yr UCITS (DTLA)** permet un investissement unique au monde : il donne la possibilité de s'exposer aux obligations du Trésor américain à long terme. Il s'agit d'un des rares actifs avec un bêta négatif (-0,08). Dit autrement, lorsque les marchés reculent, lui, il avance. C'est une valeur refuge (et notamment anti-inflation). Mais il y a une grande contrepartie : sa rentabilité ne dépasse pas les 4 % en moyenne par an.

Actif	Rentabilité annuelle	Rentabilité sur 20 ans	Volatilité annuelle	Bêta sur 20 ans
iShares $ Treasury Bond 20+yr UCITS (DTLA)	3,49 %	99 %	15,30 %	-0,08

La véritable valeur refuge !

L'**iShares Physical Gold (SGLN)** est un ETF qui permet aux investisseurs d'investir indirectement sur l'once d'or. Or, le métal jaune a une double caractéristique : il a une bonne performance en Bourse (9 % par an en moyenne) et il a un bêta négatif (-0,04). L'or est donc à la fois un performeur dans les périodes de croissance économique et une valeur refuge dans les périodes de récession économique.

Actif	Rentabilité annuelle	Rentabilité sur 20 ans	Volatilité annuelle	Bêta sur 20 ans
iShares Physical Gold (SGLN)	9,00 %	460 %	17,09 %	-0,04

Le portefeuille gagnant avec les ETF

Pour profiter sans effort de la croissance globale des marchés, voici un portefeuille markovien pour viser 15 % en moyenne par an avec le minimum de risque. Ce portefeuille est composé de cinq ETF.

Actif	Pondération dans le portefeuille	Rentabilité annuelle moyenne	Volatilité annuelle	Bêta
iShares STOXX Europe 600 Technology UCITS ETF (EXV3)	30 %	20,56 %	35,62 %	1,32
Amundi ETF PEA NASDAQ-100 UCITS	30 %	12,98 %	18,70 %	0,83
iShares MSCI World UCITS ETF (IWRD)	20 %	12,22 %	17,73 %	0,69
Lyxor UCITS ETF PEA MSCI INDIA C-EUR	10 %	15,86 %	21,33 %	0,76
iShares Physical Gold (SGLN)	10 %	9,00 %	17,09 %	-0,04
Total	100 %	14,99 %	~~23,68 %~~	0,86
	Véritable volatilité annuelle =>		13,70 %	
	Économie de risque		42,18 %	

La rentabilité annuelle moyenne de ce portefeuille est de 14,99 % et sa volatilité annuelle, de 13,70 %. Or, théoriquement, sa volatilité devrait être de 23,68 % par an. La diversification markovienne a donc permis de baisser le risque de plus de 42 % !

La composition de ce portefeuille d'ETF est extrêmement stratégique car elle joue sur trois tableaux :

- si l'économie est en condition normale, l'**iShares MSCI World UCITS ETF (IWRD)** tire profit de la croissance générale du monde ;
- si l'économie entre dans un rallye haussier, l'**iShares STOXX Europe 600 Technology UCITS ETF (EXV3)** et l'**Amundi ETF PEA NASDAQ-100 UCITS** vont permettre d'exploiter les profits du secteur de la technologie en Europe et aux États-Unis ;
- si l'économie entre en récession, alors le portefeuille va perdre de la valeur, mais cette baisse sera compensée par l'exposition à l'or de l'**iShares Physical Gold (SGLN)** qui servira de valeur refuge.

Cette allocation permet donc, sans effort et dans toutes les conditions économiques, de profiter de la croissance globale du marché sereinement.

David est ravi de ce portefeuille ! Il correspond exactement à ses attentes : il permet de diversifier les risques en jouant sur différents scénarios économiques. En période de croissance normale, l'ETF mondial profite de l'expansion générale. En cas de rallye haussier, les ETF axés sur la technologie maximisent ses rendements. Et en cas de récession, l'exposition à l'or agit comme un amortisseur. Il est parfaitement équipé pour naviguer à travers différentes conditions économiques pour les vingt prochaines années.

Chapitre 14

Gagner dans le PEA

Ludovic a décidé d'investir en Bourse au travers d'un PEA. Après de longues recherches et de nombreuses discussions, il en est arrivé à la conclusion que le problème n'est pas le marché, mais la fiscalité. Les marchés sont faits pour grimper et ils grimperont avec le temps, mais si l'investisseur doit rendre un tiers de ses gains ou de ses dividendes au fisc, alors il ne peut pas avancer.

Or, Ludovic connaît l'existence du PEA (plan d'épargne en actions), un type de compte avec un avantage incroyable : sous certaines conditions, les gains de l'investisseur ne sont pas soumis à l'impôt.

Dans ce chapitre, je vais donc vous présenter une stratégie basée sur les règles du PEA.

Dans la première partie, nous explorerons en détail ce qu'est un PEA : conditions d'ouverture, plafonds de versement et règles de fonctionnement, et nous évoquerons surtout l'économie fiscale qu'il propose.

Dans la deuxième partie, je vous livrerai une liste d'actions éligibles au PEA. Nous examinerons leurs performances historiques et leurs *business models*.

Enfin, je vous proposerai le portefeuille markovien éligible au PEA. Il cumulera deux avantages : une diversification optimale et une fiscalité optimale.

Maximisez vos gains sans passer par la case « fisc »

Supposons que deux personnes, Alice et Paul, décident d'acheter des actions françaises pour 1 000 €. Les deux choisissent les mêmes actions. Au bout de cinq ans, ils ont 1 000 € de gains (composés de 750 € de plus-values et 250 € de dividendes). La seule différence entre les deux est la suivante : Alice a acheté ses actions *via* son PEA et Paul a acheté les siennes *via* un compte titre classique. Ils décident tous deux de revendre leurs actions et d'encaisser leurs gains de 1 000 €.

Or, à la revente, la fiscalité sera très différente pour Alice et Paul. Paul va devoir payer (en général) 17,20 % de prélèvements sociaux et 12,8 % d'impôt sur les plus-values et les dividendes, soit 300 € dans son cas. À l'inverse, grâce aux avantages fiscaux du PEA, Alice bénéficie d'une exonération d'impôt sur la plus-value et sur les dividendes. Elle gagne donc 130 €.

Il est crucial pour un investisseur d'aligner le bon outil avec la bonne stratégie. Dans le cas d'un portefeuille markovien, le PEA est tout indiqué. Quoi de mieux qu'un portefeuille avec du potentiel, stable, long terme et sans fiscalité ?

Pour synthétiser, les plus-values et les dividendes générés à l'intérieur du PEA sont exonérés d'impôt sur le revenu à condition que le titulaire du PEA ne procède à aucun retrait pendant une période minimale de cinq ans à partir de son ouverture. Mais, face à cet avantage fiscal, il y a une contrainte : toutes les actions ne peuvent pas entrer dans un PEA.

Quels sont les dispositifs éligibles au PEA ?

Il y a deux grandes catégories d'actifs qui sont éligibles au PEA : les actions et les ETF.

Pour qu'une action soit éligible à un PEA, elle doit être cotée sur un marché européen et avoir son siège social dans un pays de l'Union européenne. Attention, certains secteurs d'activité peuvent être exclus du PEA. Par exemple, certaines activités immobilières ne sont pas éligibles au PEA.

Les ETF sont des paniers d'actions qui reflètent un pays ou un thème. Par exemple, l'**iShares Euro Dividend** vu dans l'avant-propos est un ETF. Il s'agit d'un panier composé des 30 actions avec les meilleurs rendements de dividendes, choisies parmi les sociétés de la zone euro. Mais malheureusement, il n'est pas éligible au PEA ! Encore une lacune pour cet ETF.

Lorsqu'on fait un audit des actions et des ETF intéressants éligibles à un PEA et ayant plus de vingt ans de cotation, on obtient 137 actions concernées et 7 ETF.

144 actifs concernés

Voici la liste des 144 actifs intéressants, éligibles à un PEA et ayant plus de vingt années de cotation.

Actif	Rentabilité annuelle	Rentabilité sur 20 ans	Volatilité annuelle	Bêta sur 20 ans
WAVESTONE	25,98 %	10 038,58 %	86,18 %	0,88
ESKER	24,54 %	7 951,70 %	40,83 %	0,90

Actif	Rentabilité annuelle	Rentabilité sur 20 ans	Volatilité annuelle	Bêta sur 20 ans
SARTORIUS STEDIM BIOTECH	24,18 %	7507,31 %	35,39 %	0,52
HERMÈS INTL	22,02 %	5254,55 %	27,73 %	0,66
AUBAY	21,89 %	5142,32 %	36,38 %	1,05
ALTEN	20,18 %	3847,89 %	42,79 %	1,53
SOPRA STERIA	20,14 %	3827,47 %	36,85 %	1,24
PRECIA	20,01 %	3737,65 %	22,15 %	0,40
EQUASENS	18,88 %	3079,37 %	25,68 %	0,57
EXAIL TECH	18,62 %	2941,70 %	45,49 %	1,13
SII	18,33 %	2795,44 %	31,00 %	0,77
IT LINK	18,26 %	2762,63 %	51,42 %	1,31
PERRIER INDUSTRIE	18,03 %	2652,55 %	26,07 %	0,72
LVMH	17,95 %	2617,90 %	23,59 %	1,07
DASSAULT SYSTÈMES	17,70 %	2504,45 %	25,72 %	0,82
DELTA PLUS GRP	17,68 %	2494,39 %	30,30 %	0,52
INFOTEL	17,04 %	2224,64 %	23,33 %	0,56
ROBERTET	16,79 %	2128,85 %	25,16 %	0,24
VIVENDI	16,51 %	2024,53 %	24,40 %	0,81
NEURONES	16,02 %	1852,04 %	22,17 %	0,45
SAFRAN	15,93 %	1823,20 %	29,57 %	1,13
LYXOR UCITS ETF PEA MSCI INDIA C-EUR	15,86 %	1798,12 %	21,33 %	0,76
CAPGEMINI	15,49 %	1682,29 %	32,33 %	1,32
BOLLORE SE	15,38 %	1647,59 %	23,76 %	0,77
INTERPARFUMS	15,12 %	1572,45 %	28,01 %	0,81
COMP DE L'ODET	14,94 %	1520,31 %	25,78 %	0,83
AIRBUS	14,83 %	1489,98 %	34,60 %	1,37
SCHNEIDER ELECTRIC	14,31 %	1352,20 %	23,56 %	1,01

Actif	Rentabilité annuelle	Rentabilité sur 20 ans	Volatilité annuelle	Bêta sur 20 ans
PLASTIC OMNIUM	14,23 %	1 330,22 %	42,03 %	1,56
VINCI	14,11 %	1 300,29 %	22,07 %	0,94
AXA	13,84 %	1 235,57 %	34,02 %	1,62
ALTAMIR	13,83 %	1 233,25 %	36,15 %	0,95
SPEED RABBIT PIZZA	13,39 %	1 134,41 %	160,47 %	0,65
KERING	13,07 %	1 066,18 %	31,21 %	1,18
TFF GROUP	13,00 %	1 053,20 %	25,10 %	0,62
NEXANS	13,00 %	1 052,96 %	39,11 %	1,60
AMUNDI ETF PEA NASDAQ-100 UCITS ETF – EUR	12,98 %	1 048,00 %	18,70 %	0,83
ESSILORLUXOTTICA	12,91 %	1 033,59 %	18,92 %	0,57
EIFFAGE	12,79 %	1 010,23 %	33,91 %	1,13
AIR LIQUIDE	12,32 %	921,19 %	16,66 %	0,65
AMUNDI MSCI WORLD UCITS ETF (CW8)	12,22 %	903,00 %	17,73 %	0,69
ACCOR	11,90 %	846,87 %	41,16 %	1,23
TELEPERFORMANCE	11,77 %	825,91 %	28,88 %	0,84
UBISOFT ENTERTAIN.	11,43 %	771,20 %	46,56 %	1,01
MICHELIN	11,12 %	723,78 %	27,78 %	1,15
RUBIS	10,98 %	703,49 %	21,94 %	0,63
IPSOS	10,65 %	657,14 %	27,89 %	0,83
WENDEL	10,64 %	655,52 %	32,93 %	1,49
BOURSE DIRECT	10,61 %	652,09 %	39,24 %	0,84
L'ORÉAL	10,56 %	644,52 %	18,41 %	0,70
FIDUCIAL REAL ESTATE	10,55 %	643,70 %	20,48 %	0,20
PUBLICIS GROUPE	10,46 %	631,71 %	25,49 %	1,04
THALES	10,41 %	624,22 %	23,87 %	0,73

Actif	Rentabilité annuelle	Rentabilité sur 20 ans	Volatilité annuelle	Bêta sur 20 ans
BENETEAU	10,16 %	592,15 %	47,98 %	0,90
DASSAULT AVIATION	9,85 %	554,14 %	25,94 %	0,69
BASTIDE LE CONFORT MED.	9,80 %	548,14 %	53,70 %	0,85
COFIDUR	9,46 %	509,18 %	69,45 %	0,04
PERNOD RICARD	9,38 %	500,52 %	20,19 %	0,61
NETGEM	9,36 %	498,54 %	99,99 %	1,98
AMUNDI DAX UCITS ETF Dist	9,07 %	467,00 %	19,63 %	1,05
ARTMARKET.COM	8,89 %	448,87 %	93,49 %	1,51
CIE SAINT-GOBAIN	8,72 %	432,06 %	29,90 %	1,36
RÉMY COINTREAU	8,62 %	422,83 %	26,04 %	0,59
STMICROELECTRONICS	8,58 %	418,63 %	37,85 %	1,45
AMUNDI CAC 40 UCITS ETF	8,48 %	410,00 %	16,81 %	1,00
TOTALENERGIES	8,18 %	382,29 %	20,64 %	0,78
ORANGE	8,01 %	366,93 %	28,68 %	0,61
AMUNDI PEA DOW JONES INDUSTRIAL AVERAGE UCITS ETF	7,94 %	361,00 %	14,78 %	0,70
MAUREL & PROM	7,51 %	325,85 %	40,52 %	1,12
SECHE ENVIRON	7,30 %	309,09 %	39,88 %	0,93
BNP PARIBAS	7,27 %	307,07 %	31,68 %	1,45
AMUNDI ETF PEA JAPAN TOPIX UCITS ETF – DAILY HEDGED EUR	6,96 %	284,00 %	18,88 %	0,72
EAUX DE ROYAN	6,85 %	276,57 %	25,10 %	0,13
BIC	6,84 %	275,41 %	21,98 %	0,35
BOUYGUES	6,77 %	270,81 %	24,93 %	0,95

Actif	Rentabilité annuelle	Rentabilité sur 20 ans	Volatilité annuelle	Bêta sur 20 ans
BOIRON	6,61 %	259,89 %	29,29 %	0,42
EURAZEO	6,38 %	244,51 %	31,18 %	1,24
LEBON	6,24 %	235,83 %	19,62 %	0,57
TIPIAK	6,24 %	235,35 %	20,36 %	0,10
DANONE	6,22 %	234,07 %	17,03 %	0,54
VEOLIA	5,94 %	217,21 %	30,53 %	1,18
SANOFI	5,73 %	204,91 %	19,36 %	0,59
GAUMONT	5,39 %	185,55 %	23,16 %	0,26
COMPAGNIE DU MONT-BLANC	5,35 %	183,39 %	17,67 %	0,13
COURTOIS N	5,31 %	181,44 %	17,79 %	0,21
SOITEC	5,06 %	168,50 %	56,52 %	1,78
DERICHEBOURG	4,85 %	157,64 %	75,31 %	1,73
BD MULTIMEDIA	4,75 %	153,07 %	89,35 %	0,55
ENGIE	4,71 %	150,92 %	26,05 %	0,94
MANITOU BF	4,58 %	144,67 %	40,60 %	1,28
SAINT JEAN GRP	4,29 %	131,54 %	15,63 %	0,14
M6 MÉTROPOLE TÉLÉVISION	3,99 %	118,66 %	27,37 %	0,94
IMERYS	3,81 %	111,43 %	29,53 %	1,13
CRÉDIT AGRICOLE SA	3,49 %	98,72 %	34,68 %	1,50
JCDECAUX	3,47 %	97,78 %	31,17 %	1,06
SCOR	3,29 %	90,90 %	30,95 %	0,93
CA TOULOUSE 31 CCI	3,20 %	87,90 %	19,54 %	0,47
VALEO	3,16 %	86,13 %	39,37 %	1,55
BOURRELIER GROUP	2,83 %	74,61 %	26,81 %	0,18
EUROMEDIS GROUP	2,01 %	48,81 %	61,12 %	0,18
RENAULT	1,97 %	47,64 %	41,57 %	1,87

Actif	Rentabilité annuelle	Rentabilité sur 20 ans	Volatilité annuelle	Bêta sur 20 ans
SOCIÉTÉ GÉNÉRALE	1,42 %	32,58 %	38,10 %	1,77
SODITECH	0,87 %	18,90 %	103,62 %	0,89
FLEURY MICHON	0,82 %	17,85 %	25,41 %	0,43
CROSSWOOD	0,34 %	6,99 %	49,18 %	0,00
TF1	0,11 %	2,17 %	31,65 %	1,24
FONCIÈRE VOLTA	-0,10 %	-1,97 %	37,10 %	0,02
BONDUELLE	-0,52 %	-9,84 %	23,13 %	0,49
CHARGEURS	-0,72 %	-13,47 %	39,97 %	0,93
NRJ GRP	-1,09 %	-19,61 %	25,18 %	0,55
CARREFOUR	-1,81 %	-30,64 %	23,07 %	0,76
MR BRICOLAGE	-1,95 %	-32,59 %	28,91 %	0,54
FORVIA	-2,62 %	-41,17 %	45,41 %	1,77
VALLOUREC	-3,05 %	-46,18 %	59,34 %	1,89
XILAM ANIMATION	-3,18 %	-47,65 %	49,10 %	0,82
ORAPI	-3,96 %	-55,45 %	41,66 %	0,12
GROUPE SFPI	-4,12 %	-56,91 %	87,05 %	1,39
HÔTELS DE PARIS	-4,41 %	-59,43 %	42,09 %	0,18
AIR FRANCE-KLM	-5,26 %	-66,06 %	46,70 %	1,60
PHONE WEB	-5,95 %	-70,67 %	73,96 %	0,13
BIGBEN INTERACTIVE	-7,71 %	-79,88 %	44,89 %	0,91
CLARANOVA	-7,80 %	-80,31 %	66,74 %	1,16
DEVERNOIS	-8,37 %	-82,57 %	49,71 %	0,05
ATOS	-8,65 %	-83,63 %	40,28 %	1,2
ALAN ALLMAN ASSOCIATES	-9,33 %	-85,88 %	102,94 %	0,10
MARIE BRIZARD	-9,67 %	-86,91 %	56,60 %	0,66
PIERRE ET VACANCES	-10,10 %	-88,11 %	47,29 %	1,29

Actif	Rentabilité annuelle	Rentabilité sur 20 ans	Volatilité annuelle	Bêta sur 20 ans
ALTHEORA	-10,48 %	-89,08 %	44,29 %	0,46
SOC FRANC CASINOS	-11,91 %	-92,07 %	83,64 %	0,49
NETMEDIA GROUP	-13,75 %	-94,82 %	58,58 %	0,52
ORPEA	-14,30 %	-95,44 %	38,59 %	0,67
CGG	-17,25 %	-97,73 %	62,24 %	1,97
CASINO GUICHARD PERRACHON	-17,78 %	-98,01 %	36,72 %	0,75
ST DUPONT	-17,84 %	-98,03 %	75,86 %	0,79
LATECOERE	-18,07 %	-98,14 %	47,59 %	1,35
NICOX	-21,08 %	-99,12 %	78,19 %	1,15
RALLYE	-22,98 %	-99,46 %	97,15 %	1,83
FONCIÈRE EURIS	-23,18 %	-99,49 %	34,98 %	0,70
ATARI	-25,13 %	-99,69 %	72,02 %	1,29
MYHOTELMATCH	-30,56 %	-99,93 %	102,75 %	0,47
GECI INTL	-31,90 %	-99,95 %	103,93 %	1,32
AVENIR TELECOM	-35,09 %	-99,98 %	88,39 %	1,20
ARCHOS	-60,60 %	-100,00 %	87,48 %	1,26
EUROPLASMA	-69,54 %	-100,00 %	120,98 %	1,18

Les petites valeurs sont les plus rentables

Les sociétés les plus performantes de ce classement sont toutes des petites capitalisations. Excepté **Hermès**, l'ensemble de ces sociétés sont des sociétés confidentielles. Dans ce classement, leur performance gravite entre +20 % et +25 % par an en moyenne tous les ans depuis vingt années. Par exemple, en ayant investi 10 000 € sur **Wavestone** en 2002, vous auriez aujourd'hui 100 000 €. C'est une caractéristique boursière connue, les petites valeurs ont un potentiel de hausse extrêmement fort.

Actif	Rentabilité annuelle	Rentabilité sur 20 ans	Volatilité annuelle	Bêta sur 20 ans
WAVESTONE	25,98 %	10 038,58 %	86,18 %	0,88
ESKER	24,54 %	7 951,70 %	40,83 %	0,90
SARTORIUS STEDIM BIOTECH	24,18 %	7 507,31 %	35,39 %	0,52
HERMÈS INTL	22,02 %	5 254,55 %	27,73 %	0,66
AUBAY	21,89 %	5 142,32 %	36,38 %	1,05
ALTEN	20,18 %	3 847,89 %	42,79 %	1,53
SOPRA STERIA	20,14 %	3 827,47 %	36,85 %	1,24
PRECIA	20,01 %	3 737,65 %	22,15 %	0,40
EQUASENS	18,88 %	3 079,37 %	25,68 %	0,57

Mais elles sont aussi les plus ruineuses !

En fin de classement, on retrouve aussi des petites capitalisations. Certaines ont perdu 99 % de leur valeur. Par exemple, la célèbre marque **Atari** a perdu plus de 25 % par an en moyenne sur les vingt dernières années. En ayant investi 10 000 € sur cette société, vous auriez perdu un quart de votre mise la première année, puis un nouveau quart l'année d'après et un quart chaque année suivante, jusqu'à perdre 99 % de votre investissement.

Souvent, il s'agit de petites sociétés dévoreuses de capitaux. Par exemple, dans le cas d'**Atari**, la société a réalisé une augmentation de capital de plus de 3 millions d'euros le 17 mars 2020 pour financer le lancement d'un nouveau jeu, et cette augmentation de capital s'est traduite par une dilution de la valeur de l'action. Autrement dit, à chaque fois qu'**Atari** lève de l'argent pour un nouveau projet, cette levée est mécaniquement dilutive pour les actionnaires historiques.

Actif	Rentabilité annuelle	Rentabilité sur 20 ans	Volatilité annuelle	Bêta sur 20 ans
EUROPLASMA	-69,54 %	-99,99 %	120,98 %	1,18
ARCHOS	-60,60 %	-99,99 %	87,48 %	1,26
AVENIR TELECOM	-35,09 %	-99,98 %	88,39 %	1,20
GECI INTL	-31,90 %	-99,95 %	103,93 %	1,32
MYHOTELMATCH	-30,56 %	-99,93 %	102,75 %	0,47
ATARI	-25,13 %	-99,69 %	72,02 %	1,29

Les petites valeurs sont plus autonomes

Dans ce classement, les sociétés ayant le bêta le plus faible sont toutes des petites sociétés. Par exemple, **Tipiak**, le groupe agroalimentaire spécialisé dans les céréales, les semoules et les lentilles, a un bêta de 0,10. La société est donc totalement en dehors des cycles économiques. Cette autonomie peut s'expliquer de la manière suivante : les petites sociétés sont plus impactées par leurs décisions internes que par la conjoncture économique.

Actif	Rentabilité annuelle	Rentabilité sur 20 ans	Volatilité annuelle	Bêta sur 20 ans
CROSSWOOD	0,34 %	6,99 %	49,18 %	0,00
FONCIÈRE VOLTA	-0,10 %	-1,97 %	37,10 %	0,02
COFIDUR	9,46 %	509,18 %	69,45 %	0,04
DEVERNOIS	-8,37 %	-82,57 %	49,71 %	0,05
TIPIAK	6,24 %	235,35 %	20,36 %	0,10

Actif	Rentabilité annuelle	Rentabilité sur 20 ans	Volatilité annuelle	Bêta sur 20 ans
ALAN ALLMAN ASSOCIATES	-9,33 %	-85,88 %	102,94 %	0,10
ORAPI	-3,96 %	-55,45 %	41,66 %	0,12
COMPAGNIE DU MONT-BLANC	5,35 %	183,39 %	17,67 %	0,13

Mais elles sont aussi les plus risquées !

Dans ce classement, il y a une multitude de sociétés dont le risque annuel est supérieur à 100 %. Ce sont toutes des petites sociétés. Cette forte volatilité est sans aucun doute liée à la faible liquidité de ces sociétés. C'est une autre caractéristique boursière bien connue : les petites sociétés ont des amplitudes extrêmes. Par exemple, le cours d'**Europlasma** (avec une volatilité de 103 %) peut gagner ou perdre un tiers de sa valeur en une unique séance (généralement, elle le perd).

Actif	Rentabilité annuelle	Rentabilité sur 20 ans	Volatilité annuelle	Bêta sur 20 ans
SPEED RABBIT PIZZA	13,39 %	1 134,41 %	160,47 %	0,65
EUROPLASMA	-69,54 %	-99,99 %	120,98 %	1,18
GECI INTL	-31,90 %	-99,95 %	103,93 %	1,32
SODITECH	0,87 %	18,90 %	103,62 %	0,89
ALAN ALLMAN ASSOCIATES	-9,33 %	-85,88 %	102,94 %	0,10
MYHOTELMATCH	-30,56 %	-99,93 %	102,75 %	0,47

Et ce sont les ETF les moins risqués

Du côté des actifs les moins risqués de ce classement, on retrouve les ETF. Il est logique que les ETF soient moins volatils que les actions, dans la mesure où il s'agit de paniers d'actions. On peut remarquer aussi la présence de quelques sociétés telles que **Air Liquide**, **Danone** ou encore **Compagnie du Mont-Blanc**, la société qui exploite certains domaines skiables vers Chamonix, Les Houches, Megève, Saint-Gervais, et Courmayeur en Italie.

Actif	Rentabilité annuelle	Rentabilité sur 20 ans	Volatilité annuelle	Bêta sur 20 ans
AMUNDI PEA DOW JONES INDUSTRIAL ETF	7,94 %	361 %	14,78 %	0,70
SAINT JEAN GRP	4,29 %	131,54 %	15,63 %	0,14
AIR LIQUIDE	12,32 %	921,19 %	16,66 %	0,65
AMUNDI CAC 40 UCITS ETF	8,48 %	410 %	16,81 %	1,00
DANONE	6,22 %	234,07 %	17,03 %	0,54
COMPAGNIE DU MONT-BLANC	5,35 %	183,39 %	17,67 %	0,13
AMUNDI MSCI WORLD UCITS ETF (CW8)	12,22 %	903 %	17,73 %	0,69

Deux « grandes » pépites

Connaissez-vous Ray-Ban, Oakley ou Varilux ? Il s'agit de marques appartenant toutes à **EssilorLuxottica**. Né de la fusion entre Essilor et Luxottica en 2018, **EssilorLuxottica** est un géant français des lunettes. Son activité s'étend de la conception à la fabrication de verres correcteurs, en passant par les montures et les produits optiques.

Vinci, de son côté, est l'un des plus grands groupes de construction et de concessions au monde. La société opère dans plusieurs secteurs, notamment les travaux publics, l'énergie, les transports et les concessions autoroutières.

Les deux sociétés ont un risque maîtrisé sur les vingt dernières années et un bon parcours boursier qui a offert entre 13 % et 14 % chaque année depuis 2002.

Actif	Rentabilité annuelle	Rentabilité sur 20 ans	Volatilité annuelle	Bêta sur 20 ans
VINCI	14,11 %	1 300,29 %	22,07 %	0,94
ESSILORLUXOTTICA	12,91 %	1 033,59 %	18,92 %	0,57

Trois « petites » pépites

Precia est une entreprise française qui fabrique et commercialise des solutions de pesage dans le secteur de l'agroalimentaire, de la logistique et des transports. Ses produits comprennent des balances industrielles, des ponts-bascules, des systèmes de pesage embarqués et des logiciels de gestion de données.

Equasens est une société française spécialisée dans le développement et la commercialisation de solutions informatiques pour les professionnels de santé et leurs patients.

Enfin, **Robertet** est une entreprise française spécialisée dans la production d'ingrédients naturels pour les industries de la parfumerie, du cosmétique, de l'alimentation et des boissons. La société est réputée pour ses extraits botaniques, ses arômes naturels, ses huiles essentielles et ses produits aromatiques.

Ces trois sociétés françaises ont offert entre 16 % et 20 % par an depuis 2002. Aussi, elles ont un risque maîtrisé et une quasi-indépendance des cycles économiques (bêta entre 0,24 et 0,40).

Actif	Rentabilité annuelle	Rentabilité sur 20 ans	Volatilité annuelle	Bêta sur 20 ans
PRECIA	20,01 %	3 737,65 %	22,15 %	0,40
EQUASENS	18,88 %	3 079,37 %	25,68 %	0,57
ROBERTET	16,79 %	2 128,85 %	25,16 %	0,24

Le portefeuille gagnant dans le PEA

Après avoir étudié la liste des actifs intéressants, éligibles au PEA et ayant plus de vingt ans de cotation, voici un portefeuille markovien pour viser 15 % en moyenne par an avec le minimum de risque. Il est composé de trois ETF et quatorze actions.

Actif	Pondération dans le portefeuille	Rentabilité annuelle moyenne	Volatilité annuelle	Bêta sur 20 ans
AMUNDI MSCI WORLD ETF (CW8)	10 %	12,22 %	17,73 %	0,69
LYXOR UCITS ETF PEA MSCI INDIA	10 %	15,86 %	21,33 %	0,76
AMUNDI ETF PEA NASDAQ-100 ETF	10 %	12,98 %	18,70 %	0,83
AIR LIQUIDE	5 %	12,32 %	16,66 %	0,65
HERMÈS INTL	5 %	22,02 %	27,73 %	0,66
L'ORÉAL	5 %	10,56 %	18,41 %	0,70
VIVENDI	5 %	16,51 %	24,40 %	0,81
ESSILORLUXOTTICA	5 %	12,91 %	18,92 %	0,57

Actif	Pondération dans le portefeuille	Rentabilité annuelle moyenne	Volatilité annuelle	Bêta sur 20 ans
DASSAULT SYSTÈMES	5 %	17,70 %	25,72 %	0,82
VINCI	5 %	14,11 %	22,07 %	0,94
SCHNEIDER ELECTRIC	5 %	14,31 %	23,56 %	1,01
EQUASENS	5 %	18,88 %	25,68 %	0,57
ROBERTET	5 %	16,79 %	25,16 %	0,24
PRECIA	5 %	20,01 %	22,15 %	0,40
NEURONES	5 %	16,02 %	22,17 %	0,45
SARTORIUS STEDIM BIOTECH	5 %	24,18 %	35,39 %	0,52
INFOTEL	5 %	17,04 %	23,33 %	0,56
Total	100 %	15,77 %	~~22,35 %~~	0,67
	Véritable volatilité annuelle ⇒		12,31 %	
	Économie de risque		44,89 %	

La rentabilité annuelle moyenne de ce portefeuille est de 15,77 % et sa volatilité annuelle, de 12,31 %. Or, théoriquement, sa volatilité devrait être de 22,35 % par an. La diversification markovienne a donc permis de baisser le risque de plus de 44 % !

Ce PEA markovien capitalise sur trois classes d'actifs :

- d'abord, le podium est composé de trois ETF : le monde (**AMUNDI MSCI WORLD ETF**), l'Inde (**LYXOR UCITS ETF PEA MSCI INDIA**) et la technologie américaine (**AMUNDI ETF PEA NASDAQ-100 ETF**). Cette combinaison permet d'avoir une exposition dans différentes régions du monde, mutualisant les risques spécifiques d'une zone géographique ;

- ensuite, toute une part du portefeuille est dédiée à des grandes capitalisations françaises (**EssilorLuxottica**, **Vinci**, **Air Liquide** et autres). Ces entreprises sont des acteurs bien établis dans leur domaine, apportant stabilité et rendement au portefeuille ;
- enfin, la dernière part du portefeuille est réservée à de petites sociétés (**Robertet**, **Precia**, **Neurones** et autres). L'objectif est de tirer profit de leurs opportunités de croissance tout en maintenant la diversification.

L'ensemble permet d'espérer un rendement très attrayant tout en réduisant le risque global du portefeuille.

Ludovic est extrêmement satisfait de ce portefeuille entièrement éligible à un PEA. Avec cette combinaison, il maximise ses gains à long terme tout en minimisant l'impact de la fiscalité. Après cinq ans, il pourra pleinement profiter de ses gains sans avoir à payer une part importante en impôts. *In fine*, cette stratégie va accélérer sa croissance financière à long terme et générer un revenu supplémentaire pour lui.

Chapitre 15

Gagner avec 31 valeurs

Nicolas, notre professeur de mathématiques, a beaucoup aimé ce livre. Il y a découvert énormément de choses ! Des histoires d'investisseurs avec les grands principes de Warren Buffett, l'expertise de Cathie Wood ou encore la longue réussite de Peter Lynch. Des centaines de sociétés différentes ainsi que leurs *business models*. Une multitude de sources de revenus avec les dividendes, l'immobilier coté en Bourse, les obligations d'entreprises, le *private equity* et bien d'autres. Et puis, il y a trouvé plus d'une dizaine de portefeuilles visant une performance de 15 % par an en moyenne.

À partir de là, Nicolas se pose une question : est-il possible de créer un méga-portefeuille passif avec tous les portefeuilles vus précédemment ? Son idée est de tirer profit des meilleurs actifs de ce livre afin d'accumuler tous les avantages énoncés jusqu'à présent.

C'est possible ! Et dans ce chapitre, je vais vous montrer comment.

Dans la première partie, je vous expliquerai l'avantage de multiplier les champions dans un portefeuille. Mathématiquement, le risque global et le risque individuel de chaque ligne vont se compresser au maximum. Pour cela, je sélectionnerai 31 actifs parmi tous les actifs que nous avons vus au cours de ce livre.

Dans la seconde partie, je vous présenterai le portefeuille markovien de 31 valeurs soigneusement choisies parmi tous les actifs vus dans ce livre. Ce sera le portefeuille gagnant composé de 31 valeurs !

Vers le portefeuille ultime ?

Au fil des pages de ce livre, nous avons examiné quatorze portefeuilles markoviens. Excepté certains, ils étaient tous composés de dix lignes. Vous pourriez vous demander ce qui se passerait si on additionnait tous ces portefeuilles markoviens. La réponse serait la suivante : vous auriez un méga-portefeuille markovien !

Ce méga-portefeuille aurait un avantage : il marginaliserait le risque spécifique à une ligne. Comme une ligne représenterait moins de 1 % de l'ensemble du portefeuille, si une société faisait faillite, ça ne se verrait même pas. Noyée parmi des champions comme **McDonald's**, **Microsoft**, **Air Liquide** et autres, une faiblesse aurait peu d'impact sur la performance totale du portefeuille.

Je vous propose donc de faire un méga-portefeuille markovien de 31 lignes avec la crème de la crème des actifs vus dans ce livre !

31 valeurs concernées

Voici la liste des 31 valeurs que j'ai sélectionnées pour ce méga-portefeuille markovien.

Actif	Rentabilité annuelle	Rentabilité sur 20 ans	Volatilité annuelle	Bêta sur 20 ans
Bitcoin (01/04/2012)	120,67 %	N/A	163,32 %	0,77
MONSTER BEVERAGE CORP.	39,97 %	83 216,86 %	41,84 %	0,58
APPLE INC.	36,83 %	52 783,23 %	32,67 %	0,90
AMAZON.COM	28,69 %	15 423,95 %	37,47 %	0,78
NOVO NORDISK	23,83 %	7 086,50 %	21,04 %	0,34
WEST PHARMACEUTICAL SERVICES	23,13 %	2 337,62 %	26,28 %	0,60
HERMÈS	22,02 %	5 254,55 %	27,73 %	0,66
PRECIA	20,01 %	3 737,65 %	22,15 %	0,40
DASSAULT SYSTÈMES	17,70 %	2 504,45 %	25,72 %	0,82
MICROSOFT	17,31 %	2 337,62 %	22,95 %	0,63
MCDONALD'S CORP.	17,11 %	2 255,41 %	17,22 %	0,46
LINDE PLC	16,49 %	2 015,97 %	18,44 %	0,65
CHURCH & DWIGHT	15,89 %	1 810,26 %	18,00 %	0,20
LYXOR UCITS ETF PEA MSCI INDIA C	15,86 %	1 798,12 %	21,33 %	0,76
TELUS CORP.	14,72 %	1 458,30 %	20,43 %	0,43
SCHNEIDER ELECTRIC	14,31 %	1 352,20 %	23,56 %	1,01
AIR LIQUIDE	12,32 %	921,19 %	16,66 %	0,65
LOCKHEED MARTIN CORP.	12,21 %	902,31 %	21,32 %	0,49
REALTY INCOME CORP.	11,15 %	728,73 %	21,63 %	0,49
MCCORMICK & CO. INC.	10,95 %	699,54 %	17,88 %	0,31
SEVERN TRENT PLC	10,33 %	614,54 %	19,78 %	0,27
PEPSICO INC.	10,11 %	586,60 %	14,92 %	0,38
DIAGEO	9,58 %	523,32 %	15,27 %	0,32
NATIONAL GRID PLC	9,39 %	502,07 %	16,48 %	0,19

Actif	Rentabilité annuelle	Rentabilité sur 20 ans	Volatilité annuelle	Bêta sur 20 ans
PROCTER & GAMBLE CO.	9,01 %	461,33 %	15,31 %	0,26
UNILEVER	9,01 %	461,30 %	17,41 %	0,33
iShares Physical Gold (SGLN)	9,00 %	460,00 %	17,09 %	-0,04
JOHNSON & JOHNSON	8,16 %	380,08 %	14,58 %	0,35
NESTLÉ	7,94 %	360,79 %	13,00 %	0,28
GLOBAL SELF STORAGE INC.	6,19 %	232,56 %	18,16 %	0,23
SWISSCOM AG	5,38 %	185,11 %	13,25 %	0,21

Un triple champion !

Diageo est présent dans trois listes thématiques de ce livre ! La société est à la fois Dividend Aristocrats en Europe, en situation d'oligopole et une favorite de Warren Buffett. Cette société détenant les marques Johnnie Walker, Guinness, Smirnoff, Captain Morgan ou encore Baileys a donc un dividende en constante augmentation, un petit nombre de concurrents et un avantage concurrentiel. **Diageo** est sans doute un investissement solide pour divers contextes financiers.

Actif	Rentabilité annuelle	Rentabilité sur 20 ans	Volatilité annuelle	Bêta sur 20 ans
DIAGEO	9,58 %	523,32 %	15,27 %	0,32

Dividend Aristocrats et plus

Parmi les Dividend Aristocrats en Europe ou aux États-Unis, certaines sociétés apparaissent dans une deuxième liste. Par exemple, **Air Liquide**, le champion français, est à la fois un Dividend Aristocrats (Europe) et une société en situation d'oligopole. De la même manière, **Pepsico** et **Linde** sont des Dividend Aristocrats (États-Unis) et des sociétés en situation d'oligopole. Elles augmentent donc leurs dividendes chaque année et sont en position dominante sur leurs marchés respectifs.

Procter & Gamble et **Johnson & Johnson** sont des Dividend Aristocrats (États-Unis) et des favorites dans la liste de Warren Buffett.

McCormick & Co et **West Pharmaceutical Services**, quant à elles, sont des Dividend Aristocrats (États-Unis) et respectivement dans la liste des sociétés écologiques et celle des sociétés multibaggers.

Actif	Rentabilité annuelle	Rentabilité sur 20 ans	Volatilité annuelle	Bêta sur 20 ans
AIR LIQUIDE	12,32 %	921,19 %	16,66 %	0,65
PROCTER & GAMBLE CO.	9,01 %	461,33 %	15,31 %	0,26
WEST PHARMACEUTICAL SERVICES	23,13 %	2337,62 %	26,28 %	0,60
MCCORMICK & CO. INC.	10,95 %	699,54 %	17,88 %	0,31
JOHNSON & JOHNSON	8,16 %	380,08 %	14,58 %	0,35

Multibaggers et plus

Dans cette liste, il y a trois sociétés qui sont à la fois des sociétés multibaggers et présentes dans une autre liste. **Amazon**, **Apple** et **Monster Beverage** ont multiplié leur cours sur les vingt dernières années et appartiennent respectivement à la liste des favorites de Warren Buffett, à celle des sociétés écologiques et à celle des sociétés en situation d'oligopole.

Actif	Rentabilité annuelle	Rentabilité sur 20 ans	Volatilité annuelle	Bêta sur 20 ans
MONSTER BEVERAGE CORP.	39,97 %	83 216,86 %	41,84 %	0,58
APPLE INC.	36,83 %	52 783,23 %	32,67 %	0,90
AMAZON.COM	28,69 %	15 423,95 %	37,47 %	0,78

L'innovation et plus

Dans cette liste de 31 valeurs, **Microsoft** et **Dassault Systèmes** sont à la fois dans la liste des sociétés innovantes et respectivement dans la liste des sociétés en situation d'oligopole et celle des sociétés écologiques.

Actif	Rentabilité annuelle	Rentabilité sur 20 ans	Volatilité annuelle	Bêta sur 20 ans
DASSAULT SYSTÈMES	17,70 %	2 504,45 %	25,72 %	0,82
MICROSOFT	17,31 %	2 337,62 %	22,95 %	0,63

Les deux formes d'or

Dans cette liste, on retrouve à la fois l'ETF **iShares Physical Gold (SGLN)** et le **bitcoin**, l'un permettant de s'exposer à l'once d'or et l'autre ayant la réputation d'être l'or d'Internet. Dans tous les cas, leurs caractéristiques vont aider à diversifier le méga-portefeuille markovien.

Actif	Rentabilité annuelle	Rentabilité sur 20 ans	Volatilité annuelle	Bêta sur 20 ans
Bitcoin (01/04/2012)	120,67 %	N/A	163,32 %	0,77
iShares Physical Gold (SGLN)	9,00 %	460,00 %	17,09 %	-0,04

Le portefeuille gagnant avec 31 valeurs

Pour viser 15 % en moyenne par an avec le minimum de risque et les actifs vus jusqu'à présent, voici le portefeuille markovien que je vous propose. En tête de liste, on retrouve 10 % d'once d'or. Toutes les autres lignes sont exposées à hauteur de 5 %, 3 % ou 1 %.

Actif	Pondération dans le portefeuille	Rentabilité annuelle moyenne	Volatilité annuelle	Bêta sur 20 ans
iShares Physical Gold (SGLN)	10 %	9,00 %	17,09 %	-0,04
LYXOR UCITS ETF PEA MSCI INDIA C	5 %	15,86 %	21,33 %	0,76
AIR LIQUIDE	3 %	12,32 %	16,66 %	0,65
AMAZON.COM	3 %	28,69 %	37,47 %	0,78
APPLE INC.	3 %	36,83 %	32,67 %	0,90
CHURCH & DWIGHT	3 %	15,89 %	18,00 %	0,20
DASSAULT SYSTÈMES	3 %	17,70 %	25,72 %	0,82
DIAGEO	3 %	9,58 %	15,27 %	0,32
GLOBAL SELF STORAGE INC.	3 %	6,19 %	18,16 %	0,23
HERMÈS	3 %	22,02 %	27,73 %	0,66
JOHNSON & JOHNSON	3 %	8,16 %	14,58 %	0,35
LINDE PLC	3 %	16,49 %	18,44 %	0,65
LOCKHEED MARTIN CORP.	3 %	12,21 %	21,32 %	0,49
MCCORMICK & CO. INC.	3 %	10,95 %	17,88 %	0,31
MCDONALD'S CORP.	3 %	17,11 %	17,22 %	0,46

Actif	Pondération dans le portefeuille	Rentabilité annuelle moyenne	Volatilité annuelle	Bêta sur 20 ans
MICROSOFT	3 %	17,31 %	22,95 %	0,63
MONSTER BEVERAGE CORP.	3 %	39,97 %	41,84 %	0,58
NATIONAL GRID PLC	3 %	9,39 %	16,48 %	0,19
NESTLÉ	3 %	7,94 %	13,00 %	0,28
NOVO NORDISK	3 %	23,83 %	21,04 %	0,34
PEPSICO INC.	3 %	10,11 %	14,92 %	0,38
PRECIA	3 %	20,01 %	22,15 %	0,40
PROCTER & GAMBLE CO.	3 %	9,01 %	15,31 %	0,26
REALTY INCOME CORP.	3 %	11,15 %	21,63 %	0,49
SCHNEIDER ELECTRIC	3 %	14,31 %	23,56 %	1,01
SEVERN TRENT PLC	3 %	10,33 %	19,78 %	0,27
SWISSCOM AG	3 %	5,38 %	13,25 %	0,21
TELUS CORP.	3 %	14,72 %	20,43 %	0,43
UNILEVER	3 %	9,01 %	17,41 %	0,33
WEST PHARMACEUTICAL SERVICES	3 %	23,13 %	26,28 %	0,60
Bitcoin (01/04/2012)	1 %	120,67 %	163,32 %	0,77
Total	100 %	16,09 %	~~22,04 %~~	0,44
	Véritable volatilité annuelle ⇒		9,16 %	
	Économie de risque		58,43 %	

La rentabilité annuelle moyenne de ce portefeuille est de 16,09 % et sa volatilité annuelle, de 9,16 %. Or, théoriquement, sa volatilité devrait être de 22,04 % par an. La diversification markovienne a donc permis de baisser le risque de plus de 58 % !

Ce portefeuille markovien tire parfaitement profit de tous les avantages vus jusqu'à présent :

- il profite d'une exposition à l'or (10 %). L'inclusion de l'once d'or dans ce portefeuille supprime une grande partie de son risque global. L'or est considéré comme un amortisseur (voire une valeur refuge) dans les périodes d'instabilité économique ;
- il profite d'une exposition à l'Inde (5 %). L'Inde est une économie en croissance rapide avec un énorme potentiel de développement à long terme. Le portefeuille offre une opportunité de participation à cette croissance économique ;
- il comprend une trentaine de sociétés. Le tout réduit le risque individuel. Si, par exemple, **Nestlé** faisait faillite à la suite d'un incroyable scandale sanitaire, comme cette ligne ne représente que 3 % du portefeuille, cette faillite ne se verrait même pas.

L'ensemble joue sur toutes les formes de diversification afin de réduire le risque global du portefeuille tout en maintenant un potentiel de rendement attractif. D'abord, il met en place une diversification en étant réparti entre différentes régions géographiques. Si l'Europe ralentit, les États-Unis ou l'Inde prendront peut-être la relève et inversement. Ce jeu de compensation réduit l'importance d'une région ou d'une autre. Ensuite, en incluant de l'or et du **bitcoin**, il bénéficie de la diversification des actifs. Enfin, avec une trentaine de sociétés différentes, tous les secteurs les plus intéressants sont représentés et mutualiseront leur risque spécifique.

Nicolas, notre professeur de mathématiques, est arrivé au bout des quinze portefeuilles de ce livre et il est extrêmement satisfait de ce dernier ! Effectivement, c'est un méga-portefeuille passif qui cumule tous les avantages des quatorze autres. Bien qu'il soit plus volumineux, il est équilibré, passif, avec un bon potentiel de rendement et un risque minimisé pour les vingt prochaines années.

Chapitre 16

À vous de jouer !

Après avoir étudié quinze portefeuilles gagnants pour générer des revenus passifs, nous allons, dans ce dernier chapitre, explorer trois aspects essentiels pour passer efficacement à la pratique. Nous parlerons du choix du courtier, des implications fiscales (notamment celles liées à l'assurance-vie) et de l'investissement dans l'immobilier.

Tout d'abord, je vous guiderai dans la sélection d'un courtier. Nous aborderons des notions comme les frais de transaction, les offres promotionnelles, la qualité de l'interface utilisateur et la diversité des produits proposés. L'objectif est de profiter de tous les avantages à votre disposition, sans tomber dans les pièges.

Ensuite, nous nous pencherons sur les implications fiscales avec la détention d'un portefeuille boursier. Nous avons déjà vu, dans un précédent chapitre, le fonctionnement du PEA ; je vous expliquerai ici le fonctionnement de l'assurance-vie, une autre niche fiscale.

Enfin, nous aurons une réflexion sur l'investissement dans l'immobilier. Dans les chapitres dédiés à l'investissement immobilier coté (Europe et REIT), nous avons vu comment obtenir un revenu passif immobilier à travers la Bourse, mais il existe d'autres moyens de générer des revenus passivement dans l'immobilier : l'achat direct de biens immobiliers, l'investissement dans des SCPI et le *crowdfunding* immobilier. Je vous donnerai, selon moi, les avantages et les inconvénients de chaque option. De cette manière, vous disposerez d'une vision globale de l'investissement passif dans l'immobilier.

À la fin de ce chapitre, vous aurez toutes les connaissances nécessaires pour passer à la pratique efficacement et poursuivre vos objectifs d'investissement sereinement.

Quid du courtier ?

Bien choisir son courtier, c'est-à-dire la plateforme où l'on passe ses ordres, est essentiel. Il est crucial de choisir un courtier qui offre des tarifs compétitifs et transparents. Mais il est vital que son interface soit facile à comprendre et à utiliser. Enfin, s'il vous offre tous les investissements dont vous avez besoin, alors il est parfait.

Un deuxième péché mortel en finance

Dans l'avant-propos, j'ai évoqué un péché mortel en finance : l'hyperconcentration. L'ETF iShares Euro Dividend visé par Nicolas était exposé à 17 actions de la bancassurance !

Mais il y a un autre péché mortel : la contrepartie. Si vous avez l'intégralité de votre portefeuille chez un unique courtier et que celui-ci rencontre des problèmes financiers, alors ces problèmes pourraient mettre en péril votre portefeuille. Par exemple, en 2011, MF Global, un courtier américain, a déposé le bilan. Aucun de ses clients n'a pu retrouver son épargne.

Il est donc nécessaire d'avoir deux courtiers pour éviter ce type de problèmes.

Il existe deux types de courtiers : les courtiers en agence et les courtiers en ligne. Pour plus de confort, je vais vous donner quelques noms pour les deux : Société Générale et son courtier en ligne Boursorama ; BNP Paribas et son courtier en ligne Hello bank! ; Crédit Mutuel Arkéa et son courtier en ligne Fortuneo ; Axa Banque, BforBank, ING... Chaque courtier (même en ligne) doit posséder une licence et être autorisé à opérer en France. En cas de doute, l'AMF (Autorité des marchés financiers) publie sur son site une liste noire des courtiers peu fiables.

Les frais chez le courtier

Après avoir vu quinze portefeuilles gagnants, vous aurez compris qu'un portefeuille markovien est avant tout un portefeuille totalement passif. Il faut donc trouver un courtier qui applique peu ou pas de « frais d'inactivité », de « droits de garde » ou de petits services dispensables facturés entre 5 € et 10 € par mois. Généralement, les courtiers en ligne sont plus souples sur ces coûts. Ils sont donc à privilégier. Rien que sur ce point, vous pouvez gagner jusqu'à 100 € par an.

Les frais d'ordre

Tout au long de ce livre, nous avons vu des portefeuilles composés d'une dizaine de lignes. Ainsi, si vous souhaitez les recréer dans la réalité, il vous faudra passer au minimum une dizaine d'ordres. Un ordre est l'instruction du client au courtier d'acheter une action. Par exemple, si l'action **Société Générale** se négocie aux alentours de 22 € (à l'heure où j'écris ces lignes) et que vous souhaitez en acheter pour 2 200 €, il vous faudra donner l'instruction au courtier d'acheter 100 actions **Société Générale**. Sur cet ordre, le courtier peut appliquer des frais. Il est donc stratégique de choisir le courtier avec un minimum de frais sur les ordres. Ne négligez pas ce point, car le coût d'un ordre peut être de 15 € chez un courtier et de 3 € chez un autre. Vous pouvez gagner facilement encore 150 €.

Les offres promotionnelles et les programmes de parrainage

Les courtiers (en agence ou en ligne) rivalisent d'ingéniosité pour attirer de nouveaux clients et ils proposent régulièrement des offres. Elles peuvent prendre diverses formes. Par exemple, un courtier peut offrir des ordres gratuits, des réductions sur les frais ou des bonus en espèces pour l'ouverture d'un compte (de 20 €, 50 € ou même 300 €). Ces avantages sont séduisants au premier abord, mais ils ne doivent pas être le facteur décisif de votre choix. L'utilisation de la plateforme d'un courtier cache un troisième péché mortel en finance. Et c'est celui qui peut vous faire perdre le plus d'agent. Je m'explique dans la prochaine section.

L'inexpérience : le troisième péché mortel en finance

Chaque courtier a sa propre interface, qui peut être plus ou moins complexe. Pour un investisseur inexpérimenté, trop de complexité peut entraîner de très lourdes pertes en cas d'erreurs.

Il faut savoir que chaque action est résumée sous la forme d'un code numérique appelé « code ISIN ». Par exemple, l'action **Carrefour** a le code ISIN FR0000120172 et l'action **Air Liquide** le code ISIN FR0000120073. On peut noter que le code ISIN des actions françaises commence généralement par « FR », celui des actions allemandes par « DE » et celui des actions américaines par « US ».

Or, selon la complexité du courtier, un code ISIN peut faire ressortir une vingtaine de produits financiers différents : des *calls*, des *warrants*, des fonds communs de placement et autres ! Supposant que vous êtes un expert en investissement, le courtier va vous proposer tout ce qui se rapproche de près ou de loin de votre code ISIN. Pour un débutant, cette avalanche de choix peut être très perturbante et un mauvais clic peut vite arriver. Trop de choix, trop de graphiques, trop de tableaux et trop de boutons d'achat et de vente sont très dangereux. Vous devez trouver une plateforme qui vous paraît simple et où vous êtes sûr à 100 % de faire ce que vous souhaitez faire. Vous vouliez acheter 100 € d'actions **Carrefour** et vous vous retrouvez à acheter des options *put* sur l'action sans avoir réellement conscience que vous mettez 1 000 € sur la table ? Aïe...

En addition du code ISIN, il est possible d'utiliser le code mnémonique. Pour plus de confort, je vous ai listé en annexe tous les codes mnémoniques utilisés dans ce livre.

Le choix des investissements

Tous les courtiers ne proposent pas les mêmes investissements. Par exemple, certains ne proposent pas d'actions américaines ou d'investissements sur l'or. N'hésitez pas à demander à votre futur courtier s'il a des solutions pour s'exposer à l'or.

Potentiellement, il vous proposera un « certificat 100 % or » qui réplique fidèlement, à la hausse comme à la baisse, l'évolution de l'once d'or (aux frais de gestion et à la parité euro/dollar près). Le **certificat 100 % or** a le code ISIN NL0006454928 (NL correspond aux Pays-Bas). Ce serait dommage de faire toutes les démarches pour ouvrir un compte chez un courtier et qu'il ne propose pas ce dont vous avez besoin.

Actif	Rentabilité annuelle	Rentabilité sur 20 ans	Volatilité annuelle	Bêta sur 20 ans
Certificat 100 % or (NL0006454928)	9,00 %	460 %	17,09 %	-0,04

Où acheter des cryptomonnaies ?

Pour acheter des cryptomonnaies, il y a deux solutions.

D'un côté, il existe des courtiers spécialisés dans l'achat de cryptomonnaies. Ces plateformes permettent aux utilisateurs d'acheter, de vendre et de trader des cryptomonnaies en échange de monnaies fiduciaires telles que l'euro ou le dollar. Dans le chapitre consacré aux obligations d'entreprises, je vous parlais de Trade Republic. Or, Trade Republic permet aussi d'investir dans un panel de cryptomonnaies. Ses concurrents les plus directs sont Binance, Bitpanda et eToro.

D'un autre côté, il existe des portefeuilles matériels. Ces clés de stockage physique (grandes comme un porte-clés), comme Ledger, offrent une solution de stockage sécurisée hors ligne pour les cryptomonnaies. Avec un Ledger, vous pouvez directement acheter des cryptomonnaies *via* l'application Ledger Live, puis les envoyer et les conserver sur votre clé physique. Aussi, vous pouvez connecter votre portefeuille Ledger à toutes les applications de la finance décentralisée. Ces portefeuilles offrent une protection contre les piratages en ligne et les cyber-attaques, car ils stockent vos clés privées hors ligne.

Le quatrième péché mortel en finance : l'effet de levier

L'effet de levier est une technique qui permet aux investisseurs de multiplier les hausses (mais aussi les baisses) de leurs investissements. Dans la mécanique, l'effet de levier consiste à investir avec de l'argent que vous avez emprunté. Pour illustrer ce propos, supposons deux scénarios :

- dans le premier scénario, vous disposez de 10 000 € et vous souhaitez acheter des actions Vinci. Vous pouvez investir au maximum 10 000 € sur **Vinci** ;
- dans le deuxième scénario, vous avez 10 000 €, la banque vous prête 50 000 € et vous souhaitez acheter des actions **Vinci**. Avec cet argent emprunté, vous pouvez investir au maximum 60 000 € sur **Vinci**.

Si l'action **Vinci** gagne 10 % après votre achat, alors dans le premier scénario vous aurez gagné 1 000 € et dans le second 6 000 €, soit six fois plus !

Cependant, si l'action **Vinci** perd 50 %, alors dans le premier scénario vous aurez perdu 5 000 € et dans le second 15 000 € ! La banque va venir toquer à votre porte car elle va se demander comment vous rembourserez les 50 000 €...

L'effet de levier est donc un péché mortel qui peut rapidement vous faire perdre plus que ce que vous aviez au départ.

Les derniers péchés mortels

Investir comporte toujours un certain niveau de risque. Il est donc crucial de ne pas investir :

- des montants qui pourraient mettre en péril vos finances ;
- des montants nécessaires pour répondre à vos besoins essentiels tels que le logement, la nourriture, les soins de santé ou l'éducation ;
- des montants pour maintenir votre niveau de vie actuel ;
- sous le coup d'une décision émotive, impulsive ou imprudente.

D'une manière générale, avant d'investir, il est recommandé de bien comprendre vos objectifs financiers, votre tolérance au risque et de faire des recherches approfondies sur les actifs dans lesquels vous envisagez d'investir.

Quid de l'impôt (PEA et assurance-vie) ?

Après avoir vu quinze portefeuilles gagnants, vous aurez compris qu'un portefeuille markovien est un investissement de long terme. C'est surtout après cinq ans que le portefeuille démontre sa résilience. Ce type de portefeuille s'allie donc parfaitement avec les supports qui récompensent la patience. Pour schématiser, il existe trois grands supports en France : le compte titre, le PEA et l'assurance-vie. Chacun offre des récompenses (et des limites) différentes pour la patience de l'investisseur. Nous allons les détailler ensemble.

Le compte titre

Tout d'abord, votre courtier va vous proposer d'ouvrir un compte titre. C'est logique, car dans le compte titre vous pouvez, et c'est un avantage, acheter et vendre à peu près tout sans plafond et instantanément. Par contre, tous les gains de votre portefeuille gagnant (les dividendes reçus et toutes les plus-values encaissées) seront soumis à la *flat tax* (30 %). En France, la *flat tax* (le prélèvement forfaitaire unique) comprend 12,8 % d'impôt sur le revenu et 17,2 % de prélèvements sociaux. Au final, le compte titre offre une totale liberté mais a une fiscalité très lourde.

Le PEA

Sur le PEA, c'est l'inverse ! Il y a un plafond de versement limité à 150 000 € et il ne peut y avoir qu'un PEA par personne. En plus, seules les actions des pays de l'Union européenne sont accessibles. Donc, si vous souhaitiez refaire le portefeuille gagnant avec des dividendes (États-Unis), ce sera impossible. Il est difficile d'investir sur des actions américaines et il est impossible d'investir sur de l'or dans le cadre d'un PEA. Mais tant que l'investisseur n'effectue aucun retrait (de son PEA), les revenus générés par le portefeuille (dividendes et plus-values) ne supportent ni impôt sur le revenu ni prélèvements sociaux. Puis, en cas de retrait (ou clôture du PEA) après cinq ans, les gains réalisés sont exonérés d'impôt sur le revenu (12,8 %). Autrement dit, vous ne payez que 17,20 % à la place de 30 % sur les revenus générés par le portefeuille après cinq ans. Concrètement, sur un gain de 10 000 €, vous ne payez « que » 1 720 € au lieu de 3 000 €. En conclusion, tous les portefeuilles gagnants ne peuvent pas entrer dans un PEA, mais ceux qui le peuvent auront un fort avantage fiscal.

L'assurance-vie

Côté assurance-vie, c'est un peu pareil : tous les portefeuilles gagnants ne peuvent pas entrer dans une assurance-vie, mais ceux qui le peuvent auront un double avantage fiscal !

D'abord, après huit ans, l'investisseur peut obtenir un abattement annuel de 4 600 € sur son impôt sur le revenu lié à ses gains. L'astuce de l'investisseur est donc de retirer 4 600 € de gains après huit ans tous les ans pour optimiser son avantage fiscal.

Ensuite, lors de l'ouverture de votre assurance-vie, votre assureur va vous inviter à désigner des bénéficiaires qui recevraient les capitaux si vous veniez à décéder prématurément. Or, et c'est là un point extrêmement important, les capitaux transmis en cas de décès profitent d'une exonération de droits de succession pouvant atteindre 152 500 € par bénéficiaire. Vous pouvez transmettre un portefeuille gagnant sans droits de succession !

Quid de l'immobilier ?

Lorsque l'on parle de création de revenus passifs, de générer sa propre retraite ou d'apprécier un patrimoine, on pense à l'immobilier à long terme. C'est pour cette raison que plusieurs chapitres lui ont été consacrés. Mais il existe d'autres options pour investir dans ce secteur : l'immobilier physique, l'immobilier papier et le *crowdfunding*. Nous allons voir successivement les forces et les faiblesses de ces autres options par rapport à l'immobilier coté, notamment les REIT.

L'immobilier physique

Visiter des appartements, trouver sa perle rare, négocier le prix, passer chez le notaire : quelle aventure que l'investissement locatif !

Mais les avantages de la location sont nombreux :

- déjà, il y a la possibilité de faire des travaux. Pour quelqu'un qui a les connaissances nécessaires, quelques ajustements peuvent permettre d'augmenter la valeur de la propriété et d'augmenter les revenus locatifs à long terme ;
- ensuite, avoir un bien c'est surtout disposer physiquement de quelque chose pour ses vacances et ses vieux jours ;
- enfin, vous pouvez utiliser un effet de levier. En passant par un crédit, le loyer du locataire paie la mensualité du crédit. Dans ce cas, c'est votre locataire qui paie votre crédit.

Mais l'achat d'une propriété immobilière nécessite souvent un capital initial important, ce qui peut limiter certains investisseurs. Aussi, une location se gère avec ses péripéties et ses tempêtes. Les pires d'entre elles sont bien entendu les loyers impayés et les mauvaises surprises (payer un lot de six fenêtres à 10 000 € laisse toujours une impression pénible à l'investisseur). Comparativement, vous pouvez investir sur les REIT dès 10 € et vous n'avez rien à gérer.

L'immobilier papier

Les SCPI (sociétés civiles de placement immobilier) sont ce que les financiers appellent l'immobilier papier. La SCPI est une structure qui collecte des fonds (en échange de parts) afin d'acquérir et de gérer un patrimoine immobilier. L'investisseur se retrouve donc avec des parts du parc immobilier et le retour sur investissement associé à cette détention.

L'avantage incontestable de ce placement est de pouvoir accéder à de l'immobilier avec un petit budget et sans aucune gestion. Mais l'immobilier sous forme de REIT est exactement pareil, c'est le même avantage !

Une distinction notable entre les SCPI et les REIT réside dans leur sensibilité aux fluctuations économiques. Les SCPI peuvent parfois être moins sensibles aux fluctuations économiques (à la hausse comme à la baisse).

Le *crowdfunding* immobilier

Le *crowdfunding* immobilier est un investissement en deux temps : d'abord une entreprise collecte des participations financières, puis, après une vente, les participants reçoivent un retour sur investissement. Cela offre aux investisseurs la possibilité d'investir dans l'immobilier avec un montant initial relativement faible. Encore une fois, c'est le même avantage qu'avec les REIT.

Cependant, il y a une forte différence entre les deux. Le *crowdfunding* immobilier va se concentrer sur une seule opération, alors que les REIT peuvent gérer des dizaines, voire des centaines de projets simultanément : la diversification n'est donc pas la même.

Conclusion

Libérez tout votre potentiel

Comparons les quinze portefeuilles gagnants

À travers ce livre, nous avons eu l'opportunité d'explorer quinze thèmes d'investissement, de découvrir de nombreux champions et d'obtenir des portefeuilles parfaitement diversifiés. Chaque chapitre a été soigneusement structuré pour fournir une information la plus digeste possible. Si ces chapitres ont pu vous sembler redondants, ils ont été pensés pour vous permettre une bonne mémorisation et vous offrir une bonne organisation si vous souhaitez revenir sur certains points à l'avenir.

Au final, vous avez rencontré presque 600 actions différentes avec leur triptyque rentabilité-volatilité-diversification sur vingt ans. Certaines sont des valeurs à dividendes, d'autres sont des valeurs de rente, des valeurs de fonds, des valeurs de création de valeurs, des valeurs génératrices de coupons, etc.

Vous avez également découvert quinze portefeuilles gagnants. L'occasion est donc idéale pour faire un comparatif de l'ensemble !

Portefeuille gagnant	Rentabilité annuelle	Volatilité annuelle	Bêta sur 20 ans	Économie de risque
Le portefeuille gagnant avec les dividendes en Europe	15,75 %	10,48 %	0,43	47,37 %
Le portefeuille gagnant avec les dividendes aux États-Unis	15,27 %	9,73 %	0,43	48,54 %
Le portefeuille gagnant avec l'immobilier coté en Europe	14,28 %	13,10 %	0,48	40,23 %
Le portefeuille gagnant avec l'immobilier coté aux États-Unis	16,08 %	14,51 %	0,52	47,19 %
Le portefeuille gagnant avec Warren Buffett	14,80 %	12,64 %	0,54	45,88 %
Le portefeuille gagnant avec les sociétés en oligopole	15,13 %	10,41 %	0,48	47,74 %
Le portefeuille gagnant avec les sociétés de *private equity*	14,47 %	13,43 %	0,63	38,10 %
Le portefeuille gagnant avec les innovations	14,56 %	13,65 %	0,68	44,76 %
Le portefeuille gagnant avec les actions multibaggers	30,21 %	20,99 %	0,79	41,70 %
Le portefeuille gagnant avec les sociétés écologiques	15,14 %	12,14 %	0,53	44,98 %
Le portefeuille gagnant avec les obligations d'entreprise	3,80 %	N/A	0,5	N/A
Le portefeuille gagnant avec les cryptomonnaies	30,20 %	34,42 %	0,28	15,87 %
Le portefeuille gagnant avec les ETF	14,99 %	13,70 %	0,86	42,10 %
Le portefeuille gagnant dans le PEA	15,77 %	12,31 %	0,67	44,89 %
Le portefeuille gagnant avec 31 valeurs	16,09 %	9,21 %	0,44	58,43 %

Des différences de valeurs

Nous pouvons constater que, pour tous les portefeuilles gagnants, les performances, les volatilités et les indices de diversification sont sensiblement identiques. C'est normal ! Ce sont tous des portefeuilles markoviens. Ils sont donc tous hyperdiversifiés pour un maximum d'opportunités, de résilience et de passivité. Cependant, ils ont tous des caractéristiques uniques. Les portefeuilles de rente (dividendes, immobilier ou obligations d'entreprises) offrent un revenu passif dès les premiers mois. Au contraire, les portefeuilles de création de valeurs (innovations, multibaggers, *private equity* ou cryptomonnaies) vont demander des décennies de patience avant de s'apprécier et de créer des plus-values qui pourront être récupérées sous forme de rente. Ainsi, suivant votre horizon temporel et vos problématiques financières, certains portefeuilles gagnants vont mieux vous correspondre que d'autres.

Économie de risque

Comme nous le disions, comparer les rentabilités, les volatilités ou les bêtas sur vingt ans des différents portefeuilles gagnants n'est pas très constructif. Ils gravitent tous, plus ou moins, autour des mêmes ordres de grandeur. Par contre, comparer l'économie de risque de chaque portefeuille est très instructif. L'économie de risque d'un portefeuille mesure l'effet de la diversification sur ce dernier et on peut immédiatement repérer les éléments suivants :

- le portefeuille gagnant avec les cryptomonnaies a une économie de risque relativement basse comparée aux autres portefeuilles gagnants (15,87 %). Ceci s'explique par sa composition sur trois lignes : **DAI** (80 %), **bitcoin** (15 %)

et **Solana** (5 %). Avec si peu de lignes, le processus de diversification est très faible ;

- le portefeuille gagnant avec 31 valeurs se distingue par une économie de risque exceptionnellement élevée (de presque 60 %). Ceci s'explique par la présence de l'once d'or dans son allocation et de tous les champions.

L'impact de l'once d'or

Ajouter 10 % d'once d'or dans la composition de son portefeuille entraîne mécaniquement une forte économie de risque. Ce phénomène s'explique de la manière suivante : lorsque les prévisions économiques sont inquiétantes, les investisseurs vendent une partie de leurs actions pour acheter de l'or. Il existe donc une relation inverse entre l'or et les actions. Une relation logique et historique présente hier, aujourd'hui et sans nul doute encore demain. Avec cette relation or/actions, vous avez un avantage incroyable pour gagner de l'argent sur du long terme ! Vous pouvez tout simplement jouer sur deux tableaux pour être gagnant à tous les coups. Il existe d'ailleurs une théorie qui a poussé cette idée au maximum pour obtenir un portefeuille qui gagnerait à tous les coups : le portefeuille toutes conditions !

Le portefeuille toutes conditions

Cette théorie nous vient de Ray Dalio, le fondateur de Bridgewater Associates, l'un des plus grands fonds spéculatifs au monde. Selon lui, l'économie ne peut connaître que quatre états différents : la croissance, l'inflation, la déflation et la récession. Or, toujours selon Ray Dalio, chaque état de l'économie va favoriser une classe d'actifs ou une autre. Dans le détail, son idée est la suivante :

- dans le boom inflationniste, l'économie cumule de la croissance et de l'inflation, les actions sont à privilégier ;
- dans le boom désinflationniste, l'économie cumule de la croissance et de la désinflation, le cash est une excellente option ;
- dans la stagflation, l'économie cumule la récession et l'inflation, l'or et les bons du Trésor performent ;
- dans la crise désinflationniste, l'économie cumule la récession et la désinflation, l'or et le cash sont à privilégier.

Selon ce descriptif, il existerait donc un portefeuille capable de résister à toutes les conditions. Il s'agit du portefeuille All Weather (Toutes Saisons) qui investit stratégiquement sur les actions, les bons du Trésor, l'or et le cash afin de gagner quelles que soient les conditions économiques. C'est le portefeuille qui joue sur tous les tableaux de l'économie.

Avec les éléments de ce livre, vous avez tout ce qu'il faut pour créer ce portefeuille. Vous avez l'ETF **iShares Physical Gold (SGLN)** pour vous exposer à l'once d'or, l'ETF **iShares MSCI World UCITS ETF (IWRD)** pour vous exposer aux actions dans le monde et l'ETF **iShares $ Treasury Bond 20+yr** pour vous exposer aux bons du Trésor américain.

Dernière remarque

Nous pouvons remarquer un dernier point concernant les portefeuilles gagnants et notamment le portefeuille gagnant avec 31 valeurs : statistiquement, il surclasse sur tous les points l'ETF **iShares MSCI World UCITS ETF (IWRD)**, l'ETF qui est exposé à la croissance mondiale.

Effectivement, l'ETF monde offre en moyenne 12 % annuels contre 16 % pour le portefeuille gagnant avec 31 valeurs. Aussi, l'ETF monde a une volatilité de 18 % contre 9 % pour le portefeuille gagnant avec 31 valeurs. Enfin, l'ETF monde a un bêta de 0,69 contre 0,44 pour le portefeuille gagnant avec 31 valeurs.

Portefeuille gagnant	Rentabilité annuelle	Volatilité annuelle	Bêta sur 20 ans
Le portefeuille gagnant avec 31 valeurs	16,09 %	9,21 %	0,44
iShares MSCI World UCITS ETF (IWRD)	12,22 %	17,73 %	0,69

On peut expliquer ces distinctions statistiques du fait des différences de composition entre les deux portefeuilles :

- l'ETF **iShares MSCI World UCITS ETF (IWRD)** ne contient pas d'or, contrairement au portefeuille gagnant avec 31 valeurs. Dès lors, le portefeuille gagnant avec 31 valeurs bénéficie d'une certaine protection contre les baisses du marché que l'ETF **iShares MSCI World UCITS ETF (IWRD)** n'a pas. En incluant de l'or dans le portefeuille gagnant avec 31 valeurs, la volatilité globale de ce dernier est réduite ;
- aussi, l'ETF **iShares MSCI World UCITS ETF (IWRD)** ne contient pas de **bitcoin**, contrairement au portefeuille gagnant avec 31 valeurs. Or, l'exposition au **bitcoin** contribue à augmenter les rendements du portefeuille, car cette cryptomonnaie a historiquement affiché des rendements très élevés.

En combinant ces deux éléments dans le portefeuille gagnant avec 31 valeurs, les statistiques sont meilleures que celles de l'ETF **iShares MSCI World UCITS ETF (IWRD)**.

Optimisez à l'infini ces portefeuilles gagnants

Votre véritable aventure commence maintenant. En perfectionnant et en combinant les portefeuilles gagnants de ce livre, vous pouvez obtenir de nouveaux portefeuilles avec de nouveaux avantages ! Qu'il s'agisse de maximiser vos revenus, votre croissance à long terme ou de vous protéger contre certains risques, vous pouvez créer votre propre portefeuille ou les modifier selon vos envies. Je vais vous donner des exemples dans les prochains paragraphes pour bien comprendre ce principe.

Perfectionner les portefeuilles gagnants

La plupart des listes de ce livre peuvent être réduites afin de concentrer les thèmes qu'elles représentent. Voici deux exemples avec la liste des Dividend Aristocrats (États-Unis) et la liste des sociétés écologiques :

- la liste des Dividend Aristocrats (États-Unis) est une liste de sociétés qui ont augmenté leur dividende chaque année pendant au moins vingt-cinq années consécutives. Or, dans cette liste, nous pouvons être encore plus sélectifs. Nous pouvons choisir de sélectionner uniquement les sociétés qui ont augmenté leur dividende chaque année pendant au moins cinquante années consécutives ! Dans ce cas-là, on obtient une liste qui s'appelle les Dividend Kings. Il s'agit des sociétés les plus robustes, les plus fiables en termes de versement de dividendes aux États-Unis (**Colgate-Palmolive**, **Johnson & Johnson**, **Pepsico**, **Procter & Gamble**, **Target**, **The Coca-Cola Company** et **Walmart** en font partie) ;

- de la même manière, le Global 100 est le classement des sociétés les plus durables au monde. Or, un investisseur peut se limiter aux cinquante premières. Dès lors, il aura la liste des cinquante sociétés les plus durables au monde et les plus avancées dans le domaine de la durabilité d'entreprise. Pour retrouver ce classement, il suffit de se rendre sur le site de *Corporate Knights*, le média de recherche spécialisé dans les questions de durabilité et de responsabilité sociale des entreprises.

Ainsi, en affinant les listes de ce livre, vous pouvez sélectionner les meilleurs des meilleurs dans chaque thème. De cette manière, vous obtiendrez un portefeuille aux thèmes plus concentrés.

Combiner les portefeuilles

En fusionnant certains thèmes de ce livre, vous pouvez créer des synergies pour obtenir des avantages supplémentaires. Voici deux exemples :

- vous pouvez combiner le portefeuille gagnant avec les dividendes (Europe) et le portefeuille gagnant avec le PEA. Vous aurez alors une nouvelle stratégie passive : l'accumulation de dividendes sans impôt. Le portefeuille gagnant avec les dividendes (Europe) permet de s'exposer à un dividende sain pour le long terme en Europe. Et le gagnant avec le plan d'épargne en actions (PEA) permet de bénéficier d'une exonération d'impôt sur les dividendes sous certaines conditions et après une certaine période de détention. Ainsi, en combinant ces deux portefeuilles, vous allez maximiser vos dividendes tout en profitant d'un avantage fiscal. Dit autrement, vous allez gagner des dividendes sans être soumis à la fiscalité habituelle ;

- autre exemple, vous pouvez combiner le portefeuille gagnant avec l'immobilier coté en Europe et le portefeuille gagnant avec l'immobilier coté aux États-Unis. Ainsi, vous aurez un portefeuille gagnant avec l'immobilier coté américano-européen. De cette manière, vous pourrez profiter de deux dynamiques économiques différentes : si l'un des marchés immobiliers traverse une période de difficultés, l'autre peut compenser les pertes, ce qui contribue à réduire la volatilité de votre portefeuille global.

C'est là toute la beauté de l'investissement : la capacité à combiner différentes stratégies pour créer un portefeuille avec un maximum d'avantages.

Lisser son entrée

Une fois que vous avez perfectionné et personnalisé votre portefeuille gagnant, il est possible de mettre en place une dernière stratégie pour lisser certains risques. Cette stratégie consiste à entrer sur son portefeuille en plusieurs fois. L'idée est d'entrer progressivement sur votre portefeuille pour atténuer le timing du marché et ses turbulences journalières. En adoptant une approche échelonnée, l'impact des fluctuations à court terme est lissé.

Dans la pratique, échelonner votre entrée sur votre portefeuille va répartir le risque sur plusieurs périodes. Par exemple, si le marché subit une correction générale, les pertes potentielles de votre portefeuille seront minimisées avec cette approche progressive.

Par exemple, vous pouvez diviser votre entrée en quatre parties et investir une part de votre portefeuille tous les trente jours. Si le marché subit une correction après votre première entrée, seule la partie investie sera affectée. Les autres parties de votre capital n'ayant pas encore été investies ne seront pas touchées par cette malheureuse correction. D'un autre point de vue, cette correction vous donne l'opportunité d'acheter vos actions à des prix plus bas.

Pour aller plus loin

Après la publication de mon manuel de diversification, *De la Bourse au Bitcoin* (Eyrolles, 2021), j'ai été surpris de recevoir spontanément, *via* LinkedIn, Facebook, Twitter et autres, des portefeuilles envoyés par des lecteurs. Après avoir lu le livre, ils souhaitaient que j'analyse leur portefeuille.

Pour répondre à leurs demandes, j'ai créé le site **DeLaBourseAuBitcoin.com**. Sur ce site, vous pouvez compléter un formulaire pour transmettre la composition de votre portefeuille. Dans les sept jours, vous recevez une analyse de portefeuille par retour de mail.

Cette analyse contient toutes les statistiques de vos actions, les statistiques de votre portefeuille, mes commentaires et des propositions d'ajustements (avec notamment quatre propositions d'actifs pour améliorer votre portefeuille).

L'analyse de portefeuille connaît un très grand succès et je vous en remercie. Aujourd'hui, DeLaBourseAuBitcoin.com s'est développé et propose d'autres services pour votre portefeuille. Comme ce n'est pas l'objet de ce livre, je vous propose d'écouter un podcast qui en parle. Vous pouvez l'obtenir en envoyant un mail à cette adresse :

DeLaBourseAuBitcoinPodcast@gmail.com.

Annexe

Le triptyque rentabilité-volatilité-diversification

La performance annuelle d'une action

Il s'agit de la hausse (ou la baisse) d'une action sur une longue période, qui a été annualisée.

- Par exemple, une action passe de 10 € à 20 € en plusieurs années. Sa performance annuelle est : +6,50 %.

2002	2004	2006	2008	2010	2012	2014	2016	2018	2020	2022	2024
10	11	10	12	14	13	15	15	16	17	19	20

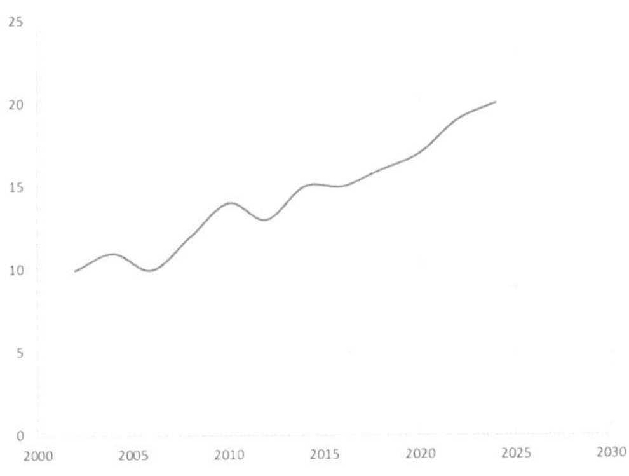

- Autre exemple, une action passe de 10 € à 0,3 € en plusieurs années. Sa performance annuelle est : –27,30 %.

2002	2004	2006	2008	2010	2012	2014	2016	2018	2020	2022	2024
10	7	5	6	4	3	1	2	3	1	0,5	0,3

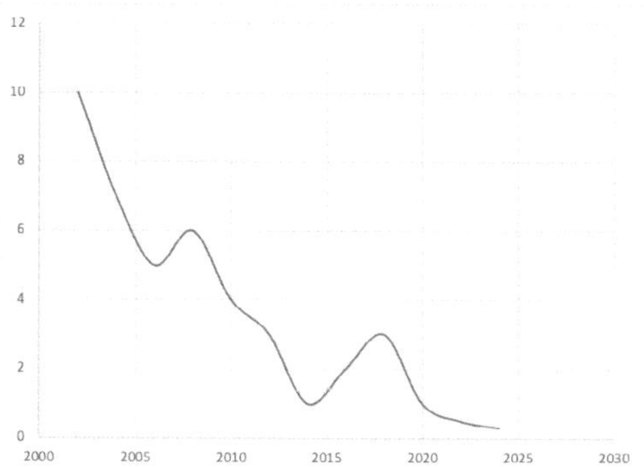

Le risque annuel d'une action

Il s'agit de la dispersion d'une action sur une longue période par rapport à sa performance historique, qui a été annualisée.

- Par exemple, une action passe de 10 € à 20 € en plusieurs années sans turbulences. Sa volatilité annuelle est : 8,92 %.

2002	2004	2006	2008	2010	2012	2014	2016	2018	2020	2022	2024
10	11	10	12	14	13	15	15	16	17	19	20

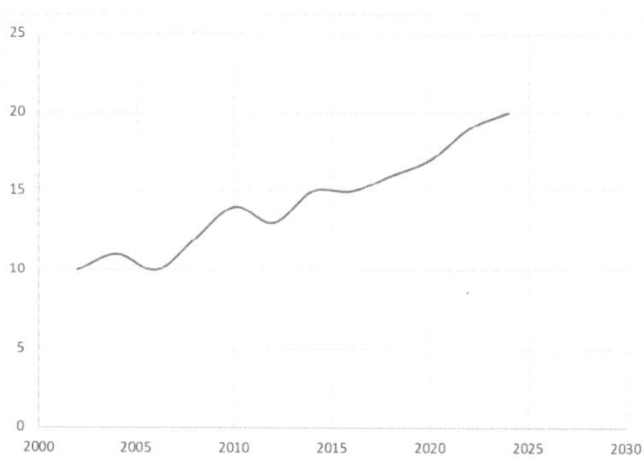

- Autre exemple, une action passe de 10 € à 20 € en plusieurs années avec beaucoup de turbulences. Sa volatilité annuelle est : 53,86 %.

2002	2004	2006	2008	2010	2012	2014	2016	2018	2020	2022	2024
10	7	13	12	7	10	15	12	13	8	19	20

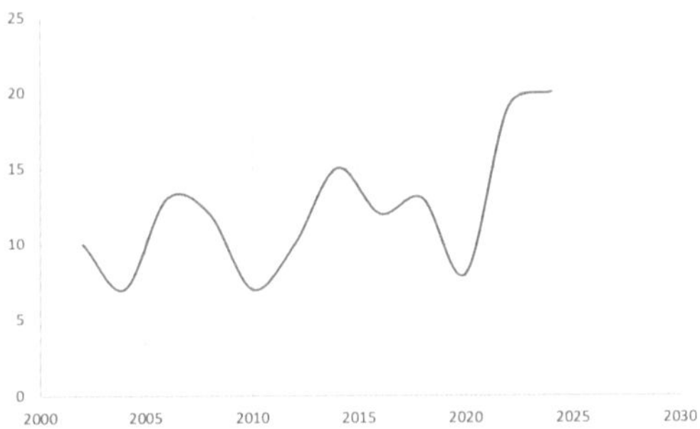

La diversification annuelle d'une action

Il s'agit d'un niveau de corrélation d'une action sur une longue période avec un indice de référence, qui a été annualisé.

- Par exemple, une action passe de 10 € à 20 € en plusieurs années, en amplifiant son indice de référence. Son bêta annuel est : 1,87.

2002	2004	2006	2008	2010	2012	2014	2016	2018	2020	2022	2024
10	7	13	12	7	10	15	12	13	8	19	20

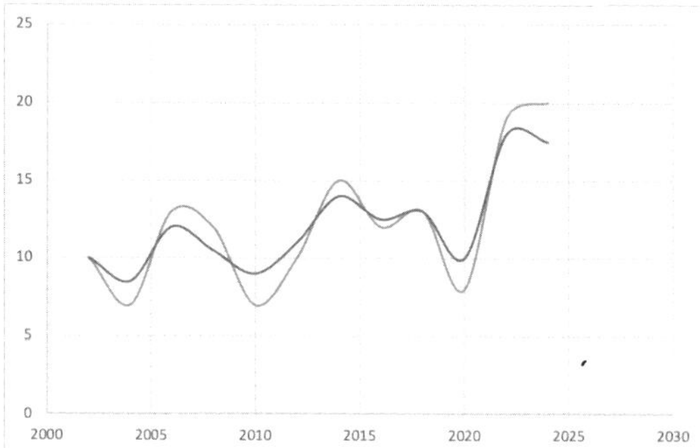

- Autre exemple, une action passe de 10 € à 20 €, en plusieurs années, sans lien avec son indice de référence. Son bêta annuel est : 0,04.

2002	2004	2006	2008	2010	2012	2014	2016	2018	2020	2022	2024
10	11	10	12	14	13	15	15	16	17	19	20

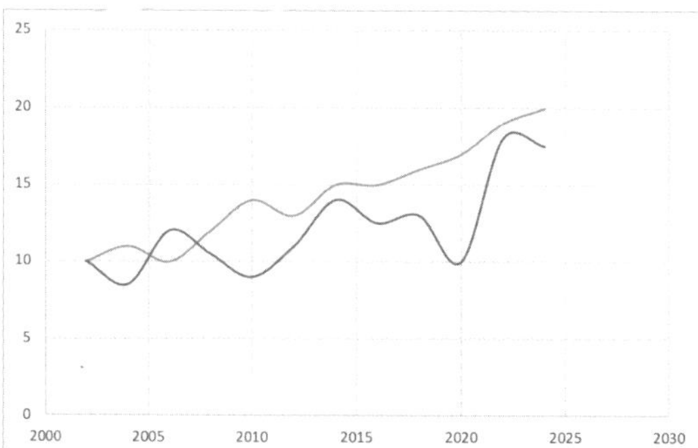

Annexe

Exemple de calcul avec Airbus

Dans le cadre de ce livre, toutes les cotations ont été récoltées sur Yahoo! Finance. Elles ont ensuite été traitées sur Excel. Je tenais à vous montrer au moins une fois l'ensemble des calculs, si vous souhaitiez les reproduire chez vous.

Pour l'exemple, je vais prendre le cas d'**Airbus**. Pour chaque actif, l'historique de cotation (dividende compris) commence le 1er septembre 2002. Vous avez un exemple de cet historique ci-après. Puis, chaque historique de cotation a permis de calculer trois éléments pour chaque actif sur Excel : sa rentabilité, sa volatilité et son bêta (le calcul du bêta ne peut se faire que par rapport à un autre actif, ici le CAC 40). Nous allons détailler ces formules.

1. La rentabilité annuelle d'un actif a été calculée avec la fonction suivante : MOYENNE.GEOMETRIQUE (de la colonne A ou B). Il s'agit donc de la moyenne des mouvements d'un mois sur l'autre de l'actif. Elle a ensuite été rapportée à douze mois.
2. La volatilité annuelle d'un actif a été calculée avec la fonction suivante : ECARTYPEP (de la colonne A ou B). Le risque est donc une représentation des forts mouvements d'un mois sur l'autre de l'actif. Un actif qui gagnerait 0,1 % par mois tous les mois sans exception serait donc peu risqué. Au contraire, un actif qui gagnerait +10 % comme –10 % chaque mois serait donc risqué. Il a ensuite été rapporté à douze mois.

3. Le bêta d'un actif a été calculé par la fonction COVARIANCE (de la colonne A ou B par rapport à la colonne B) divisé par VAR.P (de la colonne A). Il s'agit donc de la part des mouvements de l'actif par rapport aux mouvements du marché en moyenne. Un bêta de 1 signifie qu'en moyenne l'actif suit les mêmes mouvements que le CAC 40. Un bêta de 2 signifie qu'en moyenne l'actif suit deux fois les mouvements du CAC 40. Enfin, un bêta de –1 signifie que les mouvements de l'actif, en moyenne, sont exactement l'inverse de ceux du CAC 40. Dans notre cas, Airbus a un bêta de 1,37. Ainsi, lorsque que le CAC 40 fait +1 % (ou –1 %), le cours d'Airbus fait en moyenne +1,39 % (ou –1,37 %). À noter qu'un bêta de 0 signifie qu'il n'y a, en moyenne, pas de lien entre l'actif et le CAC 40. Il est donc totalement autonome.

Ci-dessous, vous retrouvez un exemple des données indispensables pour calculer la rentabilité, la volatilité et le bêta de l'action d'**Airbus**. Pour plus de confort, beaucoup d'informations sont à votre disposition sur DeLaBourseAuBitcoin.com.

	Rentabilité annuelle moyenne	Volatilité annuelle	Bêta sur 20 ans
Formule	= MOYENNE. GEOMETRIQUE (de la colonne A ou B)	= ECARTYPEP (de la colonne A ou B)	= COVARIANCE (de la colonne A ou B par rapport à la colonne B) / VAR.P (de la colonne B)
Airbus	14,83 %	34,60 %	1,37
CAC 40	8,34 %	16,83 %	1,00

	CAC 40			Airbus	
Date	Cours	Variation mensuelle CAC 40 Colonne A	Date	Cours	Variation mensuelle Airbus Colonne B
30/09/2002	4 186,76		30/09/2002	7,91	
31/10/2002	4 748,41	1,13	31/10/2002	8,21	1,04
29/11/2002	5 014,63	1,06	29/11/2002	9,41	1,15
31/12/2002	4 619,70	0,92	31/12/2002	7,25	0,77
31/01/2003	4 429,66	0,96	31/01/2003	7,13	0,98
28/02/2003	4 152,54	0,94	28/02/2003	5,94	0,83
31/03/2003	3 949,11	0,95	31/03/2003	5,08	0,86
30/04/2003	4 478,01	1,13	30/04/2003	6,13	1,21
30/05/2003	4 609,79	1,03	30/05/2003	7,22	1,18
30/06/2003	4 799,65	1,04	30/06/2003	8,14	1,13
31/07/2003	4 995,98	1,04	31/07/2003	10,81	1,33
29/08/2003	5 153,40	1,03	29/08/2003	10,98	1,02
30/09/2003	4 878,83	0,95	30/09/2003	10,1	0,92
31/10/2003	5 249,55	1,08	31/10/2003	13,34	1,32
28/11/2003	5 329,83	1,02	28/11/2003	13,88	1,04
31/12/2003	5 537,81	1,04	31/12/2003	14,37	1,04
30/01/2004	5 663,87	1,02	30/01/2004	13,31	0,93
27/02/2004	5 799,31	1,02	27/02/2004	14,19	1,07
31/03/2004	5 644,15	0,97	31/03/2004	13,38	0,94
30/04/2004	5 729,68	1,02	30/04/2004	16,09	1,20
31/05/2004	5 853,68	1,02	31/05/2004	15,84	0,98
30/06/2004	6 001,95	1,03	30/06/2004	17,81	1,12
30/07/2004	5 863,86	0,98	30/07/2004	17,82	1,00
31/08/2004	5 778,94	0,99	31/08/2004	16,72	0,94

	CAC 40			Airbus	
Date	Cours	Variation mensuelle CAC 40	Date	Cours	Variation mensuelle Airbus
		Colonne A			Colonne B
30/09/2004	5 853,75	1,01	30/09/2004	16,6	0,99
29/10/2004	5 960,21	1,02	29/10/2004	17,39	1,05
30/11/2004	6 054,53	1,02	30/11/2004	17,7	1,02
31/12/2004	6 168,94	1,02	31/12/2004	16,65	0,94
31/01/2005	6 318,85	1,02	31/01/2005	18,25	1,10
28/02/2005	6 502,05	1,03	28/02/2005	18,47	1,01
31/03/2005	6 567,64	1,01	31/03/2005	17,95	0,97
29/04/2005	6 329,85	0,96	29/04/2005	17,09	0,95
31/05/2005	6 774,60	1,07	31/05/2005	19,13	1,12
30/06/2005	6 987,70	1,03	30/06/2005	20,98	1,10
29/07/2005	7 355,58	1,05	29/07/2005	22,08	1,05
31/08/2005	7 269,04	0,99	31/08/2005	21,79	0,99
30/09/2005	7 600,60	1,05	30/09/2005	23,49	1,08
31/10/2005	7 330,33	0,96	31/10/2005	23,01	0,98
30/11/2005	7 563,11	1,03	30/11/2005	25,03	1,09
30/12/2005	7 809,80	1,03	30/12/2005	25,4	1,01
31/01/2006	8 195,33	1,05	31/01/2006	25,68	1,01
28/02/2006	8 282,21	1,01	28/02/2006	24,49	0,95
31/03/2006	8 647,26	1,04	31/03/2006	27,69	1,13
28/04/2006	8 593,50	0,99	28/04/2006	24,91	0,90
31/05/2006	8 322,89	0,97	31/05/2006	22,6	0,91
30/06/2006	8 432,64	1,01	30/06/2006	18,26	0,81
31/07/2006	8 508,85	1,01	31/07/2006	18,34	1,00
31/08/2006	8 773,17	1,03	31/08/2006	19,14	1,04

Date	CAC 40		Date	Airbus	
	Cours	Variation mensuelle CAC 40		Cours	Variation mensuelle Airbus
		Colonne A			Colonne B
29/09/2006	8919,85	1,02	29/09/2006	18,44	0,96
31/10/2006	9087,57	1,02	31/10/2006	17,28	0,94
30/11/2006	9072,74	1,00	30/11/2006	18,06	1,05
29/12/2006	9440,04	1,04	29/12/2006	21,22	1,18
31/01/2007	9553,41	1,01	31/01/2007	20,7	0,98
28/02/2007	9398,24	0,98	28/02/2007	21,07	1,02
30/03/2007	9599,01	1,02	30/03/2007	18,88	0,90
30/04/2007	10168,10	1,06	30/04/2007	19,29	1,02
31/05/2007	10594,30	1,04	31/05/2007	19,1	0,99
29/06/2007	10563,70	1,00	29/06/2007	19,71	1,03
31/07/2007	10039,50	0,95	31/07/2007	18,2	0,92
31/08/2007	9886,74	0,98	31/08/2007	17,8	0,98
28/09/2007	9979,26	1,01	28/09/2007	17,62	0,99
31/10/2007	10211,50	1,02	31/10/2007	19,16	1,09
30/11/2007	9929,65	0,97	30/11/2007	17,93	0,94
31/12/2007	9832,90	0,99	31/12/2007	17,84	0,99
31/01/2008	8530,39	0,87	31/01/2008	13,93	0,78
29/02/2008	8391,77	0,98	29/02/2008	14,25	1,02
31/03/2008	8247,09	0,98	31/03/2008	12,27	0,86
30/04/2008	8797,11	1,07	30/04/2008	13,2	1,08
30/05/2008	9025,67	1,03	30/05/2008	12,38	0,94
30/06/2008	8002,50	0,89	30/06/2008	9,92	0,80
31/07/2008	7928,95	0,99	31/07/2008	10,05	1,01
29/08/2008	8092,22	1,02	29/08/2008	12,63	1,26

	CAC 40			Airbus	
Date	Cours	Variation mensuelle CAC 40 Colonne A	Date	Cours	Variation mensuelle Airbus Colonne B
30/09/2008	7 291,78	0,90	30/09/2008	9,89	0,78
31/10/2008	6 307,68	0,87	31/10/2008	10,66	1,08
28/11/2008	5 941,56	0,94	28/11/2008	10,27	0,96
31/12/2008	5 866,91	0,99	31/12/2008	9,91	0,97
30/01/2009	5 423,27	0,92	30/01/2009	11,3	1,14
27/02/2009	4 929,60	0,91	27/02/2009	9,61	0,85
31/03/2009	5 120,88	1,04	31/03/2009	7,22	0,75
30/04/2009	5 803,84	1,13	30/04/2009	9,07	1,26
29/05/2009	6 151,27	1,06	29/05/2009	9,44	1,04
30/06/2009	5 918,47	0,96	30/06/2009	9,65	1,02
31/07/2009	6 463,24	1,09	31/07/2009	11,21	1,16
31/08/2009	6 904,87	1,07	31/08/2009	12,12	1,08
30/09/2009	7 172,99	1,04	30/09/2009	12,86	1,06
30/10/2009	6 818,21	0,95	30/10/2009	10,72	0,83
30/11/2009	6 985,51	1,02	30/11/2009	9,99	0,93
31/12/2009	7 484,93	1,07	31/12/2009	11,81	1,18
29/01/2010	7 110,56	0,95	29/01/2010	11,9	1,01
26/02/2010	7 053,64	0,99	26/02/2010	12,7	1,07
31/03/2010	7 558,03	1,07	31/03/2010	12,48	0,98
30/04/2010	7 263,16	0,96	30/04/2010	11,76	0,94
31/05/2010	6 848,55	0,94	31/05/2010	13,65	1,16
30/06/2010	6 748,15	0,99	30/06/2010	14,14	1,04
30/07/2010	7 148,50	1,06	30/07/2010	15,24	1,08
31/08/2010	6 863,27	0,96	31/08/2010	14,55	0,96

	CAC 40			Airbus	
Date	Cours	Variation mensuelle CAC 40 Colonne A	Date	Cours	Variation mensuelle Airbus Colonne B
30/09/2010	7 304,45	1,06	30/09/2010	15,33	1,05
29/10/2010	7 537,07	1,03	29/10/2010	15,83	1,03
30/11/2010	7 138,02	0,95	30/11/2010	14,47	0,91
30/12/2010	7 617,29	1,07	30/12/2010	14,89	1,03
31/01/2011	7 923,39	1,04	31/01/2011	17,64	1,18
28/02/2011	8 132,42	1,03	28/02/2011	17,57	1,00
31/03/2011	7 892,68	0,97	31/03/2011	17,22	0,98
29/04/2011	8 155,62	1,03	29/04/2011	17,51	1,02
31/05/2011	8 128,33	1,00	31/05/2011	19,18	1,10
30/06/2011	8 120,03	1,00	30/06/2011	19,53	1,02
29/07/2011	7 495,99	0,92	29/07/2011	20,48	1,05
31/08/2011	6 651,51	0,89	31/08/2011	18,74	0,91
30/09/2011	6 116,31	0,92	30/09/2011	17,95	0,96
31/10/2011	6 651,41	1,09	31/10/2011	18,09	1,01
30/11/2011	6 488,30	0,98	30/11/2011	18,78	1,04
30/12/2011	6 518,67	1,00	30/12/2011	20,44	1,09
31/01/2012	6 804,88	1,04	31/01/2012	21,73	1,06
29/02/2012	7 124,30	1,05	29/02/2012	23,07	1,06
30/03/2012	7 078,17	0,99	30/03/2012	25,99	1,13
30/04/2012	6 665,06	0,94	30/04/2012	25,24	0,97
31/05/2012	6 389,53	0,96	31/05/2012	22,91	0,91
29/06/2012	6 822,01	1,07	29/06/2012	24,06	1,05
31/07/2012	7 031,00	1,03	31/07/2012	25,2	1,05
31/08/2012	7 292,39	1,04	31/08/2012	26,11	1,04

	CAC 40			Airbus	
Date	Cours	Variation mensuelle CAC 40 Colonne A	Date	Cours	Variation mensuelle Airbus Colonne B
28/09/2012	7 204,33	0,99	28/09/2012	21,24	0,81
31/10/2012	7 364,20	1,02	31/10/2012	23,6	1,11
30/11/2012	7 649,44	1,04	30/11/2012	22,29	0,94
28/12/2012	7 801,57	1,02	28/12/2012	25,31	1,14
31/01/2013	8 045,75	1,03	31/01/2013	29,8	1,18
28/02/2013	8 025,59	1,00	28/02/2013	33,74	1,13
28/03/2013	8 057,54	1,00	28/03/2013	34,19	1,01
30/04/2013	8 353,64	1,04	30/04/2013	34,53	1,01
31/05/2013	8 714,04	1,04	31/05/2013	38,8	1,12
28/06/2013	8 286,19	0,95	28/06/2013	35,85	0,92
31/07/2013	8 855,03	1,07	31/07/2013	39,18	1,09
30/08/2013	8 724,39	0,99	30/08/2013	38,07	0,97
30/09/2013	9 204,08	1,05	30/09/2013	41,11	1,08
31/10/2013	9 551,62	1,04	31/10/2013	44,18	1,07
29/11/2013	9 562,51	1,00	29/11/2013	45,62	1,03
31/12/2013	9 589,71	1,00	31/12/2013	48,72	1,07
31/01/2014	9 301,11	0,97	31/01/2014	45,93	0,94
28/02/2014	9 842,25	1,06	28/02/2014	46,61	1,01
31/03/2014	9 819,86	1,00	31/03/2014	45,38	0,97
30/04/2014	10 071,40	1,03	30/04/2014	43,2	0,95
30/05/2014	10 304,10	1,02	30/05/2014	46,58	1,08
30/06/2014	10 133,90	0,98	30/06/2014	43,33	0,93
31/07/2014	9 732,89	0,96	31/07/2014	38,39	0,89
29/08/2014	10 042,10	1,03	29/08/2014	41,44	1,08

	CAC 40			Airbus	
Date	Cours	Variation mensuelle CAC 40	Date	Cours	Variation mensuelle Airbus
		Colonne A			Colonne B
30/09/2014	10 137,80	1,01	30/09/2014	44,11	1,06
31/10/2014	9 725,87	0,96	31/10/2014	42,15	0,96
28/11/2014	10 091,90	1,04	28/11/2014	43,38	1,03
31/12/2014	9 849,44	0,98	31/12/2014	36,61	0,84
30/01/2015	10 615,80	1,08	30/01/2015	41,79	1,14
27/02/2015	11 416,50	1,08	27/02/2015	48,99	1,17
31/03/2015	11 626,10	1,02	31/03/2015	53,52	1,09
30/04/2015	11 712,10	1,01	30/04/2015	54,9	1,03
29/05/2015	11 770,30	1,00	29/05/2015	54,9	1,00
30/06/2015	11 322,70	0,96	30/06/2015	52,55	0,96
31/07/2015	12 021,80	1,06	31/07/2015	58,33	1,11
31/08/2015	11 005,50	0,92	31/08/2015	52,45	0,90
30/09/2015	10 553,50	0,96	30/09/2015	47,77	0,91
30/10/2015	11 610,90	1,10	30/10/2015	57,21	1,20
30/11/2015	11 760,30	1,01	30/11/2015	61,8	1,08
30/12/2015	11 025,92	0,94	30/12/2015	56,51	0,91
29/01/2016	10 505,26	0,95	29/01/2016	52,21	0,92
29/02/2016	10 366,75	0,99	29/02/2016	53,98	1,03
31/03/2016	10 461,67	1,01	31/03/2016	52,69	0,98
29/04/2016	10 610,35	1,01	29/04/2016	49,31	0,94
31/05/2016	10 984,21	1,04	31/05/2016	51,82	1,05
30/06/2016	10 400,40	0,95	30/06/2016	47,85	0,92
29/07/2016	10 904,93	1,05	29/07/2016	48,68	1,02
31/08/2016	10 901,03	1,00	31/08/2016	48,37	0,99

	CAC 40			Airbus	
Date	Cours	Variation mensuelle CAC 40 Colonne A	Date	Cours	Variation mensuelle Airbus Colonne B
30/09/2016	10 942,12	1,00	30/09/2016	49,8	1,03
31/10/2016	11 101,18	1,01	31/10/2016	50,09	1,01
30/11/2016	11 281,90	1,02	30/11/2016	55,75	1,11
30/12/2016	12 005,34	1,06	30/12/2016	58,12	1,04
31/01/2017	11 727,63	0,98	31/01/2017	58,05	1,00
28/02/2017	12 001,04	1,02	28/02/2017	64,12	1,10
31/03/2017	12 675,36	1,06	31/03/2017	65,98	1,03
28/04/2017	13 074,04	1,03	28/04/2017	69,98	1,06
31/05/2017	13 336,88	1,02	31/05/2017	68,89	0,98
30/06/2017	12 978,71	0,97	30/06/2017	67,88	0,99
31/07/2017	12 918,48	1,00	31/07/2017	66,56	0,98
31/08/2017	12 897,74	1,00	31/08/2017	66,57	1,00
29/09/2017	13 534,83	1,05	29/09/2017	75,81	1,14
31/10/2017	13 982,49	1,03	31/10/2017	82,73	1,09
30/11/2017	13 658,19	0,98	30/11/2017	82,3	0,99
29/12/2017	13 533,27	0,99	29/12/2017	78,25	0,95
31/01/2018	13 967,67	1,03	31/01/2018	87,21	1,11
28/02/2018	13 559,19	0,97	28/02/2018	92,71	1,06
29/03/2018	13 193,11	0,97	29/03/2018	88,43	0,95
30/04/2018	14 147,17	1,07	30/04/2018	93,36	1,06
31/05/2018	14 069,56	0,99	31/05/2018	93,27	1,00
29/06/2018	13 935,39	0,99	29/06/2018	96,1	1,03
31/07/2018	14 429,61	1,04	31/07/2018	101,6	1,06
31/08/2018	14 156,80	0,98	31/08/2018	101,85	1,00

	CAC 40			Airbus	
Date	Cours	Variation mensuelle CAC 40	Date	Cours	Variation mensuelle Airbus
		Colonne A			Colonne B
28/09/2018	14 403,33	1,02	28/09/2018	103,69	1,02
31/10/2018	13 362,28	0,93	31/10/2018	93,66	0,90
30/11/2018	13 135,45	0,98	30/11/2018	90,69	0,97
31/12/2018	12 450,81	0,95	31/12/2018	80,48	0,89
31/01/2019	13 146,70	1,06	31/01/2019	96,06	1,19
28/02/2019	13 799,69	1,05	28/02/2019	108,89	1,13
29/03/2019	14 118,08	1,02	29/03/2019	113,01	1,04
30/04/2019	14 813,93	1,05	30/04/2019	118,47	1,05
31/05/2019	14 033,94	0,95	31/05/2019	111,65	0,94
28/06/2019	14 992,26	1,07	28/06/2019	121,19	1,09
31/07/2019	14 949,61	1,00	31/07/2019	124,48	1,03
30/08/2019	14 846,19	0,99	30/08/2019	121,83	0,98
30/09/2019	15 401,49	1,04	30/09/2019	115,87	0,95
31/10/2019	15 542,73	1,01	31/10/2019	124,83	1,08
29/11/2019	16 028,49	1,03	29/11/2019	129,67	1,04
31/12/2019	16 242,10	1,01	31/12/2019	126,83	0,98
31/01/2020	15 801,32	0,97	31/01/2020	129,51	1,02
28/02/2020	14 450,31	0,91	28/02/2020	105,08	0,81
31/03/2020	11 994,80	0,83	31/03/2020	57,68	0,55
30/04/2020	12 482,89	1,04	30/04/2020	56,26	0,98
29/05/2020	12 904,55	1,03	29/05/2020	55,11	0,98
30/06/2020	13 611,91	1,05	30/06/2020	61,74	1,12
31/07/2020	13 252,47	0,97	31/07/2020	60,28	0,98
31/08/2020	13 705,50	1,03	31/08/2020	66,91	1,11

	CAC 40			Airbus	
Date	Cours	Variation mensuelle CAC 40 Colonne A	Date	Cours	Variation mensuelle Airbus Colonne B
30/09/2020	13 335,41	0,97	30/09/2020	60,33	0,90
30/10/2020	12 754,63	0,96	30/10/2020	60,84	1,01
30/11/2020	15 320,71	1,20	30/11/2020	85,28	1,40
31/12/2020	15 436,40	1,01	31/12/2020	87,27	1,02
29/01/2021	15 034,98	0,97	29/01/2021	80,87	0,93
26/02/2021	15 881,56	1,06	26/02/2021	93,23	1,15
31/03/2021	16 916,51	1,07	31/03/2021	93,84	1,01
30/04/2021	17 520,17	1,04	30/04/2021	97,14	1,04
31/05/2021	18 226,85	1,04	31/05/2021	103,68	1,07
30/06/2021	18 450,28	1,01	30/06/2021	105,41	1,02
30/07/2021	18 751,02	1,02	30/07/2021	112,46	1,07
31/08/2021	18 943,15	1,01	31/08/2021	112,46	1,00
30/09/2021	18 530,62	0,98	30/09/2021	111,88	0,99
29/10/2021	19 412,63	1,05	29/10/2021	107,51	0,96
30/11/2021	19 120,90	0,98	30/11/2021	95,96	0,89
31/12/2021	20 357,80	1,06	31/12/2021	109,22	1,14
31/01/2022	19 942,84	0,98	31/01/2022	108,98	1,00
28/02/2022	18 973,97	0,95	28/02/2022	111,69	1,02
31/03/2022	18 997,73	1,00	31/03/2022	107,27	0,96
29/04/2022	18 756,09	0,99	29/04/2022	104,06	0,97
31/05/2022	18 847,62	1,00	31/05/2022	107,25	1,03
30/06/2022	17 303,51	0,92	30/06/2022	91,15	0,85
29/07/2022	18 863,10	1,09	29/07/2022	103,41	1,13
31/08/2022	17 917,08	0,95	31/08/2022	96,52	0,93

	CAC 40			Airbus	
Date	Cours	Variation mensuelle CAC 40	Date	Cours	Variation mensuelle Airbus
		Colonne A			Colonne B
30/09/2022	16 877,53	0,94	30/09/2022	87,64	0,91
31/10/2022	18 354,97	1,09	31/10/2022	108,04	1,23
30/11/2022	19 750,64	1,08	30/11/2022	107,67	1,00
30/12/2022	18 998,47	0,96	30/12/2022	109,46	1,02
31/01/2023	20 812,92	1,10	31/01/2023	113,23	1,03
28/02/2023	21 359,50	1,03	28/02/2023	122,28	1,08
31/03/2023	21 542,88	1,01	31/03/2023	121,55	0,99
28/04/2023	22 197,17	1,03	28/04/2023	127,14	1,05
31/05/2023	21 340,42	0,96	31/05/2023	122,54	0,96
30/06/2023	22 305,82	1,05	30/06/2023	132,36	1,08
31/07/2023	22 617,82	1,01	31/07/2023	133,98	1,01
31/08/2023	22 071,55	0,98	31/08/2023	135,38	1,01
29/09/2023	21 547,82	0,98	29/09/2023	126,98	0,94
31/10/2023	20 794,62	0,97	31/10/2023	126,28	0,99
30/11/2023	22 094,57	1,06	30/11/2023	136,2	1,08
29/12/2023	22 824,90	1,03	29/12/2023	139,78	1,03
31/01/2024	23 197,96	1,02	31/01/2024	147,8	1,06
29/02/2024	23 261,85	1,00	29/02/2024	152,94	1,03

Annexe

Liste des mnémoniques utilisés dans ce livre

Nom de l'action	Mnémo	Nom de l'action	Mnémo
ARTEA	ARTE.PA	INTESA SANPAOLO SPA	ISP.MI
3D SYSTEMS CORP.	DDD	INTUIT INC.	INTU
3I GROUP PLC	III.L	INTUITIVE SURGICAL INC.	ISRG
3M	MMM	INVESTEC LTD.	INVP.L
ABRDN PRIVATE EQUITY OPPORTUNITIES	APEO.L	IONIS PHARMACEUTICALS INC.	IONS
ACADIA REALTY TRUST	AKR	IPSOS	IPS.PA
ACCOR	AC.PA	IRON MOUNTAIN INC.	IRM
ADIDAS AG	ADS.DE	IT LINK	ALITL.PA
ADOBE INC.	ADBE	JAFCO GROUP LTD.	8595.T
ADVANCED MICRO DEVICES	AMD	JCDECAUX	DEC.PA
AFLAC INC.	AFL	JEFFERIES FINANCIAL GROUP	JEF
AIR FRANCE-KLM	AF.PA	JOHNSON & JOHNSON	JNJ
AIR LIQUIDE	AI.PA	K+S AG	SDF.DE
AIR PRODUCTS & CHEM	APD	KB FINANCIAL GROUP INC.	KB
AIRBUS	AIR.PA	KERING	KER.PA

Nom de l'action	Mnémo	Nom de l'action	Mnémo
AKAMAI TECHNOLOGIES INC.	AKAM	KERRY GROUP	KRZ.IR
ALAN ALLMAN ASSOCIATES	AAA.PA	KESKO OYJ	KESKOB.HE
ALBEMARLE	ALB	KILROY REALTY CORP.	KRC
ALEXANDER'S INC.	ALX	KIMBERLY-CLARK	KMB
ALEXANDRIA REAL ESTATE EQUITIES INC.	ARE	KIMCO REALTY CORP.	KIM
ALIGN TECHNOLOGY INC.	ALGN	KLÉPIERRE REIT SA	LI.PA
ALLIANZ	ALV.DE	KOMATSU LTD.	6301.t
ALLREAL HOLDING AG	ALLN.SW	KRATOS DEFENSE & SECURITY	KTOS
ALTAMIR	LTA.PA	KROGER CO. (THE)	KR
ALTAREA	ALTA.PA	L3 HARRIS TECHNOLOGIES INC.	LHX
ALTAREIT	AREIT.PA	LAMAR ADVERTISING COMPANY	LAMR
ALTEN	ATE.PA	LAND SECURITIES GROUP REIT PLC	LAND.L
ALTHEORA	ALORA.PA	LATECOERE	LAT.PA
AMAZON.COM INC.	AMZN	LEBON	ALBON.PA
AMERICAN EXPRESS	AXP	LEGAL & GENERAL GROUP	LGEN.L
AMERICAN TOWER CORP.	AMT	LEGGETT & PLATT	LEG
AMGEN INC.	AMGN	LENNAR CORP.	LEN
ANGLO AMERICAN PLC	AAL.L	LINDE PLC	LIN
ANSYS INC.	ANSS	LINDT & SPRUENGLI	LISN.SW

Nom de l'action	Mnémo	Nom de l'action	Mnémo
AON PLC	AON	LOCKHEED MARTIN CORP.	LMT
APARTMENT INVESTMENT AND MANAGEMENT COMPANY	AIV	LONDON STOCK EXCHANGE PLC	LSEG.L
APPLE INC.	AAPL	L'ORÉAL	OR.PA
ARCHER-DANIELS-MIDL	ADM	LOWE'S	LOW
ARCHOS	ALJXR.PA	LTC PROPERTIES INC.	LTC
ARTMARKET.COM	PRC.PA	LVMH	MC.PA
ASM INTERNATIONAL NV	ASM.AS	LXP INDUSTRIAL TRUST	LXP
ASML HOLDING	ASML.AS	M. SMUCKER	SJM
ASTRAZENECA PLC	AZN	M6 MÉTROPOLE TÉLÉVISION	MMT.PA
ATARI	ALATA. PA	MAGNA INTERNATIONAL INC.	MGA
ATENOR	ATEB.BR	MANITOU BF	MTU.PA
ATMOS ENERGY	ATO	MARIE BRIZARD	MBWS.PA
ATOS	ATO.PA	MARKEL GROUP INC.	MKL
ATRIUM LJUNGBERG B	ATRLJ-B. ST	MARSH & MCLENNAN	MMC
AUBAY	AUB.PA	MAUREL & PROM	MAU.PA
AUTODESK INC.	ADSK	MCCORMICK & CO.	MKC
AUTOMATIC DATA PROC	ADP	MCDONALD'S CORP.	MCD
AVALONBAY COMMUNITIES INC.	AVB	MCKESSON CORP.	MCK
AVENIR TELECOM	AVT.PA	MEDTRONIC INC	MDT
AXA	CS.PA	MERCK KGAA	MRK.DE

Nom de l'action	Mnémo	Nom de l'action	Mnémo
AXON ENTERPRISE INC.	AXON	METTLER-TOLEDO INTERNATIONAL INC.	MTD
BAE SYSTEMS	BA.L	MICHELIN	ML.PA
BANK OF AMERICA CORP.	BAC	MICROSOFT CORP.	MSFT
BANK OF MONTREAL	BMO.TO	MID-AMERICA APARTMENT COMMUNITIES INC.	MAA
BASF	BAS.DE	MONDELEZ INTERNATIONAL	MDLZ
BASTIDE LE CONFORT MED	BLC.PA	MONSTER BEVERAGE CORP.	MNST
BCE INC	BCE.TO	MOODY'S CORP.	MCO
BD MULTIMEDIA	ALBDM. PA	MR BRICOLAGE	ALMRB.PA
BECTON	BDX	MUNICH RE	MUV2.DE
BENETEAU	BEN.PA	MYHOTELMATCH	MHM.PA
BHP GROUP LTD.	BHP	NASDAQ INC.	NDAQ
BIC	BB.PA	NATIONAL GRID PLC	NG.L
BIG YELLOW GROUP PLC	BYG.L	NATIONAL HEALTH INVESTORS INC.	NHI
BIGBEN INTERACTIVE	BIG.PA	NESTLÉ	NESN.SW
BLACKROCK INC.	BLK	NETFLIX INC.	NFLX
BNP PARIBAS	BNP.PA	NETGEM	ALNTG.PA
BOEING	BA	NETMEDIA GROUP	ALNMG.PA
BOIRON	BOI.PA	NEURONES	NRO.PA
BOLLORE SE	BOL.PA	NEXANS	NEX.PA
BONDUELLE	BON.PA	NEXTERA ENERGY	NEE
BOOKING HOLDINGS INC. COMMON ST	BKNG	NICOX	ALCOX.PA

Nom de l'action	Mnémo	Nom de l'action	Mnémo
BOSTON PROPERTIES INC.	BXP	NIKE INC.	NKE
BOURRELIER GROUP	ALBOU.PA	NNN REIT INC.	NNN
BOURSE DIRECT	BSD.PA	NORDSON CORP.	NDSN
BOUYGUES	EN.PA	NOVARTIS	NOVN.SW
BRANDYWINE REALTY TRUST	BDN	NOVAVAX INC.	NVAX
BRITISH LAND REIT PLC	BLND.L	NOVO NORDISK	NOVO-B.CO
BROOKFIELD CORP.	BN	NOVOZYMES	NZYM-B.CO
BROWN-FORMAN CORP.	BF-B	NRJ GRP	NRG.PA
BRT APARTMENTS CORP.	BRT	NSI NV	NSI.AS
BT GROUP PLC	BT-A.L	NUCOR CORP.	NUE
BUNZL	BNZL.L	NVIDIA CORP.	NVDA
C.H. ROBINSON	CHRW	NVR INC	NVR
CA IMMOBILIEN ANLAGEN AG	CAI.VI	O. SMITH	AOS
CA TOULOUSE 31 CCI	CAT31.PA	OCCIDENTAL PETROLEUM	OXY
CADENCE DESIGN SYSTEMS INC.	CDNS	OLD DOMINION FREIGHT LINE INC.	ODFL
CAMDEN PROPERTY TRUST	CPT	OMEGA HEALTHCARE INVESTORS INC.	OHI
CAMECO CORP.	CCJ	ON SEMICONDUCTOR CORP.	ON
CANADIAN NATIONAL RAILWAY	CNI	ONE LIBERTY PROPERTIES INC.	OLP

Nom de l'action	Mnémo	Nom de l'action	Mnémo
CANADIAN TIRE CORP. LTD.	CTC-A.TO	ONEX CORP.	ONEX.TO
CAPGEMINI	CAP.PA	ORANGE	NFLX
CAPITAL ONE FINANCIAL	COF	ORAPI	ORAP.PA
CAPITAL SOUTHWEST CORP.	CSWC	O'REILLY AUTOMOTIVE INC.	ORLY
CARDINAL HEALTH INC.	CAH	ORPEA	ORP.PA
CARLSBERG	CARL-B.CO	PANTHEON INTERNATIONAL PLC	PIN.L
CARREFOUR	CA.PA	PAYCHEX INC.	PAYX
CASCADES INC.	CAS.TO	PENNSYLVANIA REAL ESTATE INVESTMENT TRUST	PRET
CASINO GUICHARD PERRACHON	CO.PA	PENTAIR INC.	PNR
CASTELLUM	CAST.ST	PEPSICO INC.	PEP
CATENA	CATE.ST	PERNOD RICARD	RI.PA
CATERPILLAR	CAT	PERRIER INDUSTRIE	PERR.PA
CENTERSPACE	CSR	PFIZER INC.	PFE
CERUS CORP.	CERS	PHILIPS NV	PHIA.AS
CGG	CGG.PA	PHONE WEB	MLPHW.PA
CHARGEURS	CRI.PA	PIERRE ET VACANCES	VAC.PA
CHEVRON CORP.	CVX	PLASTIC OMNIUM	POM.PA
CHUBB CORP.	CB	POTLATCHDELTIC CORP.	PCH
CHURCH & DWIGHT	CHD	POWER REIT	PW
CIE SAINT-GOBAIN	SGO.PA	PPG INDUSTRIES INC.	PPG
CINCINNATI FINANCIA	CINF	PRECIA	ALPM.PA

Nom de l'action	Mnémo	Nom de l'action	Mnémo
CINTAS CORP.	CTAS	PROCTER & GAMBLE	PG
CISCO SYSTEMS INC.	CSCO	PROLOGIS INC.	PLD
CITIGROUP INC.	C	PSP SWISS PROPERTY AG	PSPN.SW
CITYCON	CTY1S.HE	PUBLIC STORAGE	PSA
CLARANOVA	CLA.PA	PUBLICIS GROUPE	PUB.PA
CLOROX CO.	CLX	QUADIENT SA	QDT.PA
COFIDUR	ALCOF. PA	QUALCOMM INC.	QCOM
COFINIMMO REIT SA	COFB.BR	RALLYE	RAL.PA
COGECO COMMUNICATIONS INC.	CCA.TO	RATOS B	RATO-B.ST
COLGATE-PALMOLIVE CO.	CL	RAYONIER INC.	RYN
COLOPLAST	COLO-B. CO	REALTY INCOME CORP.	O
COMMERZBANK AG	CBK.DE	REGENCY CENTERS CORP.	REG
COMP DE L'ODET	ODET.PA	REGENERON PHARMACEUTICALS	REGN
COMPAGNIE LEBON	ALBON. PA	RELIANCE INDUSTRIES LTD.	RELIANCE. NS
COMPAGNIE DU MONT-BLANC	MLCMB. PA	RELX	REL.L
CONSOLIDATED EDISON	ED	RÉMY COINTREAU	RCO.PA
COPART INC.	CPRT	RENAULT	RNO.PA
CORPORATE OFFICE PROPERTIES TRUST	CDP	RESMED INC.	RMD
COURTOIS N	COUR.PA	RETAIL ESTATES NV	RET.BR

Nom de l'action	Mnémo	Nom de l'action	Mnémo
COUSINS PROPERTIES INC.	CUZ	ROBERTET	RBT.PA
COVIVIO HOTELS	COVH.PA	ROCHE HOLDINGS AG	ROG.SW
COVIVIO SA	COV.PA	ROCKWOOL A/S	ROCK-A.CO
CREATIVE MEDIA & COMMUNITY TRUST CORP.	CMCT	ROPER INDUSTRIES INC.	ROP
CRÉDIT AGRICOLE SA	ACA.PA	RUBIS	RUI.PA
CRODA INTERNATIONAL	CRDA.L	RYMAN HOSPITALITY PROPERTIES INC.	RHP
CROSSWOOD	CROS.PA	S&P GLOBAL	SPGI
CROWN CASTLE INC.	CCI	SABRA HEALTH CARE REIT INC.	SBRA
CUMMINS INC.	CMI	SAFEHOLD INC.	SAFE
DANAHER CORP.	DHR	SAFRAN	SAF.PA
DANONE	BN.PA	SAGE GROUP	SGE.L
DASSAULT AVIATION	AM.PA	SAINT JEAN GRP	SABE.PA
DASSAULT SYSTÈMES	DSY.PA	SANOFI	SAN.PA
DAVITA HEALTHCARE	DVA	SAP	SAP.DE
DCC	DCC.L	SARTORIUS AG	SRT3.DE
DECKERS OUTDOOR CORP.	DECK	SARTORIUS STEDIM BIOTECH	DIM.PA
DEERE & CO.	DE	SAUL CENTERS INC.	BFS
DELTA PLUS GRP	ALDLT.PA	SBA COMMUNICATIONS CORP.	SBAC
DEMANT A/S	DEMANT.CO	SCHNEIDER ELECTRIC	SU.PA
DERICHEBOURG	DBG.PA	SCHNITZER STEEL INDUSTRIES INC.	RDUS

Nom de l'action	Mnémo	Nom de l'action	Mnémo
DERWENT LONDON REIT PLC	DLN.L	SCOR	SCR.PA
DEUTSCHE BETEILIGUNGS AG	DBAN.DE	SECHE ENVIRON	SCHP.PA
DEUTSCHE BOERSE	DB1.DE	SEGRO REIT PLC	SGRO.L
DEUTSCHE EUROSHOP AG	DEQ.DE	SEKISUI CHEMICAL CO. LTD.	4204.T
DEUTSCHE POST	DHL.DE	SERVICE PROPERTIES TRUST	SVC
DEUTSCHE TELEKOM AG	DTE.DE	SEVERN TRENT PLC	SVT.L
DEVERNOIS	ALDEV. PA	SHERWIN-WILLIAMS CO.	SHW
DHL GROUP	DHL.DE	SII	SII.PA
DIAGEO	DGE.L	SIKA	SIKA.SW
DIAMOND HILL INVESTMENT GROUP	DHIL	SIMON PROPERTY GROUP INC.	SPG
DIVERSIFIED HEALTHCARE TRUST	DHC	SINGAPORE EXCHANGE LTD.	S68.SI
DOVER CORP.	DOV	SINO LAND CO. LTD.	0083.HK
DSV	DSV.CO	SIRIUS XM HOLDINGS INC.	SIRI
EASTGROUP PROPERTIES INC.	EGP	SITE CENTERS CORP.	SITC
EAUX DE ROYAN	MLEDR. PA	SL GREEN REALTY CORP.	SLG
ECOLAB INC.	ECL	SMITH & NEPHEW PLC	SN.L
EIFFAGE	FGR.PA	SOC FRANC CASINOS	SFCA.PA
ELME COMMUNITIES	ELME	SOCIÉTÉ FONCIÈRE LYONNAISE	FLY.PA
EMERSON ELECTRIC CO.	EMR	SOCIÉTÉ GÉNÉRALE	GLE.PA

Nom de l'action	Mnémo	Nom de l'action	Mnémo
ENAGAS	ENG.MC	SODITECH	SEC.PA
ENGIE	ENGI.PA	SOITEC	SOI.PA
EPR PROPERTIES	EPR	SOLVAY	SOLB.BR
EQUASENS	EQS.PA	SOPRA STERIA	SOP.PA
EQUINIX INC.	EQIX	SPEED RABBIT PIZZA	MLSRP.PA
EQUITY COMMONWEALTH	EQC	SPIRAX-SARCO ENGINEERING	SPX.L
EQUITY LIFESTYLE PROPERTIES INC.	ELS	ST DUPONT	DPT.PA
EQUITY RESIDENTIAL	EQR	STANLEY BLACK & DEC	SWK
ESKER	ALESK.PA	STATE STREET CORP.	STT
ESSEX PROPERTY	ESS	STMICROELECTRONICS	STMPA.PA
ESSILORLUXOTTICA	EL.PA	SUN COMMUNITIES INC.	SUI
ESTÉE LAUDER	EL	SUN LIFE FINANCIAL INC.	SLF
EURAZEO	RF.PA	SWATCH GROUP AG	UHR.SW
EUROMEDIS GROUP	ALEMG.PA	SWISS LIFE	SLHN.SW
EUROPLASMA	ALEUP.PA	SWISS PRIME SITE AG	SPSN.SW
EXACT SCIENCES CORP.	EXAS	SWISS RE LTD.	SREN.SW
EXAIL TECH	EXA.PA	SWISSCOM AG	SCMN.SW
EXPEDITORS INT'L OF WA	EXPD	SYNOPSYS INC.	SNPS
EXXON MOBIL CORP.	XOM	SYSCO CORP.	SYY
FABEGE	FABG.ST	T. ROWE PRICE	TROW
FACTSET RESEARCH SYSTEMS INC.	FDS	TAG IMMOBILIEN AG	TEG.DE

Nom de l'action	Mnémo	Nom de l'action	Mnémo
FEDERAL REALTY INV	FRT	TAIWAN SEMICONDUCTOR-SP ADR	TSM
FIDUCIAL REAL ESTATE	ORIA.PA	TANGER FACTORY OUTLET CENTERS INC.	SKT
FIRST INDUSTRIAL REALTY TRUST INC.	FR	TARGET CORP.	TGT
FISHER & PAYKEL HEALTHCARE CORP.	FPH.NZ	TECK RESOURCES LTD.	TECK
FLEURY MICHON	ALFLE. PA	TELEDYNE TECHNOLOGIES INC.	TDY
FONCIÈRE EURIS	EURS.PA	TELENOR	TEL.OL
FONCIÈRE VOLTA	SPEL.PA	TELEPERFORMANCE	TEP.PA
FORVIA	FRVIA.PA	TELUS CORP.	T.TO
FRANKLIN RESOURCES	BEN	TERADYNE INC.	TER
FRAPORT AG	FRA.DE	TEXAS PACIFIC LAND CORP.	TPL
FRESENIUS MEDICAL CARE AG	FME.DE	TF1	TFI.PA
FRESENIUS SE & CO. KGAA	FRE.DE	TFF GROUP	TFF.PA
GAUMONT	GAM.PA	THALES	HO.PA
GEBERIT	GEBN.SW	THE COCA-COLA COMPANY	KO
GECI INTL	ALGEC. PA	THE GEO GROUP INC.	GEO
GECINA SA	GFC.PA	THE MACERICH COMPANY	MAC
GENERAL DYNAMICS	GD	THOMSON REUTERS CORP.	TRI
GENUINE PARTS CO.	GPC	TIPIAK	TIPI.PA
GETTY REALTY CORP.	GTY	TOTALENERGIES	TTE.PA

Nom de l'action	Mnémo	Nom de l'action	Mnémo
GIANT MANUFACTURING CO. LTD.	9921.TW	TOUR EIFFEL (SOCIÉTÉ DE LA)	EIFF.PA
GILDAN ACTIVEWEAR INC.	GIL	TRACTOR SUPPLY COMPANY	TSCO
GILEAD SCIENCES INC.	GILD	TRIMBLE INC.	TRMB
GIMV NV	GIMB.BR	TSM	tsm
GIVAUDAN	GIVN.SW	TYLER TECHNOLOGIES INC.	TYL
GLADSTONE CAPITAL CORP.	GLAD	UBISOFT ENTERTAIN.	UBI.PA
GLOBAL SELF STORAGE INC.	SELF	UCB	UCB.BR
GLOBE LIFE INC.	GL	UDR INC.	UDR
GROUPE SFPI	SFPI.PA	UFP TECHNOLOGIES INC.	UFPT
HALMA	HLMA.L	UMH PROPERTIES INC.	UMH
HANNOVER RE	HNR1.DE	UNILEVER	ULVR.L
HEALTHCARE REALTY TRUST INC.	HR	UNITE GROUP PLC	UTG.L
HEALTHPEAK PROPERTIES INC.	DOC	UNITED PARCEL SERVICE	UPS
HEICO CORP.	HEI	UNITED UTILITIES GROUP	UU.L
HENKEL	HEN.DE	UNITEDHEALTH GROUP INC.	UNH
HERMÈS	RMS.PA	UNIVERSAL HEALTH REALTY INCOME TRUST	UHT
HEXAGON AB	HEXA-B. ST	VALEO	FR.PA
HGCAPITAL TRUST PLC	HGT.L	VALLOUREC	VK.PA

Nom de l'action	Mnémo	Nom de l'action	Mnémo
HIGHWOODS PROPERTIES INC.	HIW	VASTNED RETAIL REIT NV	VASTN.AS
HONEYWELL INTERNATIONAL INC.	HON	VENTAS INC.	VTR
HONG KONG EXCHANGES LTD.	0388.HK	VEOLIA	VIE.PA
HORMEL FOODS CORP.	HRL	VERIS RESIDENTIAL INC.	VRE
HOST HOTELS & RESORTS INC.	HST	VERISIGN INC.	VRSN
HOTELS DE PARIS	HDP.PA	VERTEX PHARMACEUTICALS INC.	VRTX
HP INC.	HPQ	VESTAS WIND SYSTEMS A/S	VWS.CO
HUFVUDSTADEN CLASS A	HUFV-A.ST	VINCI	DG.PA
HUMANA INC.	HUM	VIVENDI	VIV.PA
IBERDROLA SA	IBE.MC	VORNADO REALTY TRUST	VNO
IBM	IBM	W. GRAINGER	GWW
ICADE REIT SA	ICAD.PA	W. P. CAREY INC.	WPC
ICG ENTERPRISE TRUST PLC	ICGT.L	WALGREENS BOOTS AL	WBA
IDEXX LABORATORIES INC.	IDXX	WALMART	WMT
IGM FINANCIAL INC.	IGM.TO	WALT DISNEY COMPANY (THE)	DIS
ILLINOIS TOOL WORKS	ITW	WAREHOUSES DE PAUW NV	WDP.BR
ILLUMINA INC.	ILMN	WASHINGTON H SOUL PATTINSON & CO.	SOL.AX

Nom de l'action	Mnémo	Nom de l'action	Mnémo
IMERYS	NK.PA	WASTE MANAGEMENT INC.	WM
IMMOBILIÈRE DASSAULT SA	IMDA.PA	WAVESTONE	WAVE.PA
INCYTE CORP.	INCY	WELLTOWER INC.	WELL
INFOTEL	INF.PA	WENDEL	MF.PA
INMOBILIARIA COLONIAL SA	COL.MC	WEST PHARMACEUTICAL SERVICES INC.	WST
INSTEEL INDUSTRIES INC.	IIIN	WEYERHAEUSER COMPANY	WY
INTERMEDIATE CAPITAL GROUP PLC	ICP.L	WIHLBORGS FASTIGHETER	WIHL.ST
INTERPARFUMS	ITP.PA	WOLTERS KLUWER	WKL.AS
		XEROX HOLDINGS CORP.	XRX
		XILAM ANIMATION	XIL.PA

MIXTE
Papier | Pour une gestion forestière responsable
FSC® C007507

Achevé d'imprimer en septembre 2024
en Espagne par Graphycems
Dépôt légal : octobre 2024

Cet ouvrage est imprimé sur du papier offset 90 g.